A ma Mère

LE

DROIT D'INTERPELLATION

SOUS LA

MONARCHIE DE JUILLET

NIVERSITÉ D'AIX-MARSEILLE — FACULTÉ DE DROIT

LE

DROIT D'INTERPELLATION

SOUS LA

MONARCHIE DE JUILLET

THÈSE POUR LE DOCTORAT

PRÉSENTÉE ET SOUTENUE

PAR

PAUL VANAULD

Avocat

AIX-EN-PROVENCE — IMPRIMERIE TYP.-LITH. P. POURCEL
40, Cours Mirabeau; 40

1909

AVANT-PROPOS

C'est, en vérité, une heure assez difficile à déterminer que celle des débuts dans l'histoire nationale du régime parlementaire ; ainsi de récentes monographies prétendaient établir que, si l'imitation de l'Angleterre fut la préoccupation constante du parti libéral sous la Restauration, la France de l'époque était dépourvue des éléments qui, chez le peuple auglais ont donné naissance au régime parlementaire. C'est du moins une recherche de haut intérêt que celle de l'apparition dans le système politique des moyens caractéristiques et essentiels de cette forme de gouvernement ; elle offre par ailleurs tout l'attrait de ces retours vers le passé, qui ont un charme profond pour des esprits courbatus dans leur course à l'avenir, et qui récitent la découverte des acquisitions faites par les générations successives. La prétention de cette thèse est de contribuer à cette œuvre par des fouilles faites directement dans

le *Moniteur Universel* et les *Mémoires* de l'époque :
cette époque est celle de la Monarchie de Juillet prin-
cipalement, parce que c'est vers ce temps que l'institution considérée dans ce travail paraît se dégager,
comme chose distincte et mécanisme doué de vitalité ;
l'interpellation est à ce titre la matière de cette
monographie.

Ce qu'est l'interpellation, comme moyen pris isolé·
ment ou comme rouage d'un système compliqué, il
n'est guère besoin de le rappeler longuement. La
Monarchie selon la Charte, qui fut, dès 1816, le
véhicule des doctrines libérales dans tous les milieux
bourgeois, en contient toute la synthèse ; à ce point de
vue les formules de Chateaubriand sont plus nettes et
plus utiles par suite que celles émises par Benjamin
Constant dans ses *Principes politiques* ou même dans
sa brochure de 1817 sur *La responsabilité des ministres*. Opposition y est faite entre le roi et les ministres :
l'inviolabilité du roi était proclamée par la Charte
même, dont le même article 13 affirmait la responsabilité des ministres ; d'où, cette conséquence tout d'abord
que « rien ne procède directement du roi dans les actes
du gouvernement ; que tout est l'œuvre du ministère
même la chose qui se fait au nom du roi et avec sa
signature » ; puis, par une série de déductions parce
que le Parlement « ne doit pas souffrir que les ministres
établissent en principe qu'ils sont indépendants des
Chambres ; qu'ils..... ne doivent compte qu'au roi de

leur affirmation ». Cette doctrine passée dans les faits au fur et à mesure du progrès du régime parlementaire, que « les Chambres ont le droit de demander tout ce qu'elles veulent aux ministres ; que les ministres doivent toujours venir, toujours répondre quand les Chambres paraissent le souhaiter ». Maîtres de la Chambre par le fond, les ministres sont en effet leurs serviteurs par la forme : issus de la majorité de la Chambre des Députés qui est l'organe principal de l'opinion populaire, tenus dans une constitution pareille de mener cette majorité ou de s'en aller, ils se doivent prêter à toutes les discussions réclamées ou ouvertes sur leurs projets ou leurs actes. « Le gouvernement représentatif, est-il dit dans le même ouvrage, s'éclaire par l'opinion publique et est fondé sur elle. Le ministère doit disposer de la majorité et marcher avec elle : sans cela point de gouvernement..... Comment le ministère et les Chambres connaîtront-ils l'opinion publique qui fait la volonté générale, si cette opinion ne peut librement s'exprimer ?... »

C'est dire du même coup que la Chambre tient dans ses mains la destinée du Cabinet, et que lui appartiennent, tout au moins par l'effet d'une lente mais sûre conquête, tous les moyens d'en décider : « la prédominance nécessaire du pouvoir législatif sur le pouvoir exécutif » qu'ont préconisée et affirmée tour à tour Louis Blanc et Bagehot est à ce prix. A cet égard le même phénomène s'est présenté et reproduit en

Angleterre et en France ; par contre les procédés ne sont point les mêmes ici et là : la faculté pour les députés de demander à un gouvernement ou à un ministre des explications directes est apparue dans les deux pays comme une conséquence naturelle du régime représentatif ; mais, tandis que l'interpellation est, ou fut, un moyen fréquent en France, l'Angleterre n'a jamais usé que de la question.

Or, interpellations et questions diffèrent essentielle-ment (1) : les premières, en France, suivant l'issue du débat, mettent en jeu l'existence du Cabinet ; les secon-des, en Angleterre, n'ont point pareil effet et y servent comme d'un mode de contrôle journalier du gouverne-ment, comme d'un moyen normal et usuel de controverse et de critique. Notre ancien professeur, M. Delpech, le rappelait dans l'une de ses dernières études de la *Revue du Droit public et de la Science politique*, à propos de l'introduction qui vient d'être décidée dans la procédure parlementaire française du système des questions écrites : « En Angleterre, disait-il, depuis le xviiie siècle, la fréquence et la portée des questions soumises aux ministres de la Couronne par les membres très curieux des Communes sur des affaires ou des charges publiques, des procédures en cours au Parle-

_____

(1) V. Esmein, *Éléments de Droit constitutionnel français et comparé*, 3e éd., 1903, p. 810.

ment ou toute autre affaire d'administration dont les souverains ou les ministres sont responsables, sont telles qu'une 'biographie de Sir Robert Peel, parlant de la série des questions qui lui furent adressées en un même jour, la compare à « une liste de tout ce qui pouvait se présenter dans l'Empire britannique ou au cerveau d'un membre du Parlement » ; leur progrès a même pris une nature inquiétante à ce point qu'en 1901, accentuant les impressions contristées et datant de 1879 du chief-clerk des Communes, Sir Reginald Palgrave, M. Balfour évaluait à 7.180 (les supplémentaires comprises) les questions posées au cours de la session, à 119 heures, à 15 jours de travail parlementaire de 8 heures et à trois semaines de l'activité du gouvernement le temps absorbé par elles. Cependant les partis d'opposition, par l'organe de Sir William Harcourt et de Sir Campbell Bannermann les présentèrent véhémentement « non comme un inconvénient à supprimer, mais comme un droit utile à réglementer... parce que les autres soupapes de sûreté avaient été fermées »........; aussi bien s'explique que la *cross examination* par voie de questions n'ait subi, de la part des Communes, d'autre atteinte ou restriction qu'une limitation des heures où elle peut se produire et la fixation d'un mode expéditif de réponse, ainsi qu'il résulte du *Standing Order 9* (7 mars 1881 et 9 avril 1902) ».

Ainsi, l'esprit pratique des Anglais s'est trouvé satisfait toujours de ce moyen, qui est facile, et dont

l'usage est caractérisé presque constamment par
l'absence de développement, parce qu'un seul membre
de l'Assemblée y rencontre un seul membre du Gouvernement. L'interpellation au contraire, dès qu'elle a été
introduite par son auteur, devient impersonnelle, c'est-
à-dire engage un débat susceptible de mettre en scène
tous ou plusieurs membres de l'Assemblée et en tous cas
terminé par un vote de la Chambre ; aussi il présente
cet inconvénient, comme l'a dit M. de Pressensé, de
« soulever un marteau-pilon à vapeur pour casser une
noix » et de substituer plusieurs fois l'an, ce que les
Anglais appellent des débats en grand appareil (full
dress debates) à de précis, typiques et brefs inter-
rogatoires (1).

On peut, semble-t-il prévoir la disparition, du moins
la diminution en France des interpellations ; un savant
auteur, M. Duguit (2, est même allé jusqu'à parler
comme d'une chose faite et déjà éprouvée de « l'annihi-
lation à peu près complète du droit d'interpellation » ;
nous croyons bien plutôt, comme l'écrivait encore
M. Delpech, que, si l'évolution doit se faire dans le sens

---

(1) V. Delpech : *A propos de quelques modifications au règlement de la Chambre des Députés* (II Le régime nouveau des
questions), dans la *Revue du Droit public*, n° 3, Juillet-Octobre
1909, — et le Rapport de M. Francis de Pressensé (Annexé à la
séance du 23 Mai 1907) cité dans cette étude.

(2) *Manuel de Droit constitutionnel*, § 129, p. 913.

indiqué par M. Duguit, l'avantage quant au nombre
et d'après la tradition demeure encore à l'interpellation ;
c'est précisément la question des origines de cette
tradition toute française que nous allons essayer d'élu-
cider dans cette monographie ; au terme de nos recherches nous l'avons trouvée neuve comme au jour où nous
l'avons entreprise, sur les conseils du maître dont nous
rappelions le nom tout à l'heure, avec cette seule idée
préconçue qu'en cette matière comme en tout autre,
« l'étendue des droits livrés au corps législatif pour
agir sur l'opinion (est) souvent une bonne et exacte
mesure de l'état politique d'un peuple ».

Nous aurons ainsi à examiner ce qu'il en a été de
l'interpellation et de son développement sous la Monarchie de Juillet, car c'est à cette époque que d'après
nous, elle remonte vraiment ; mais il nous faudra,
auparavant, conformément aux exigences d'une bonne
méthode historique, rechercher pourquoi elle date
seulement de cette époque, et comment, à l'époque
antérieure elle ne fut point soupçonnée peut être,
ordinairement pratiquée ou préférée manifestement à
d'autres procédures rattachées par exemple à la discussion de l'adresse, à l'examen des pétitions ou au vote
du budget.

CHAPITRE PREMIER

Le principe et le jeu de la responsabilité ministérielle
à l'avènement de la Monarchie de Juillét

Il ne suffit pas de répéter que dans les chambres
« l'habitude des interpellations a été introduite après
la Révolution de 1830 » ; ce faisant, on a pour soi,
comme nous le dirons dans la suite, le témoignage
bien autorisé d'un homme fort expérimenté en la
matière M. Mauguin, lequel repète à la tribune de la
Chambre des Députés, le 4 Mars 1834, le 22 Février
1840, et d'autres fois aussi, que l'usage était précédemment de « choisir l'occasion que présentait une
pétition quelconque ou un article de loi, pour se livrer
à des interpellations, à une discussion générale tout à

fait étrangère à l'objet en délibération (1) » et, d'une
manière plus ferme encore, que « sous la Restauration
lorsque la tribune était souvent fermée, on avait pris
l'habitude... de faire revenir les questions les plus
éloignées, car il suffisait alors de quelque artifice dans
le langage (2) ». Il faut aller plus loin si possible, et, à
cette fin se demander ce qu'il en était vraiment, à
l'époque de Louis XVIII et de Charles X, de la responsabilité ministérielle : c'est à pareille question, en effet,
que se ramène tout le problème, car l'interpellation
n'est, au total, qu'une pièce d'un mécanisme constitutionnel complexe, qu'un moyen de procédure pour faire
jouer une règle de fond, qu'une manifestation et une
sanction du contrôle de la majorité des Chambres
sur des Ministres tenus d'aller harmonieusement avec
elle.

La Charte de 1814, envisagée en sa lettre, admettait-
elle la règle et le moyen ? La pratique fut-elle en accord
ou en progrès sur le texte ? Et, si oui, comment se fit
l'élargissement de pratiques repoussées ou du moins
très restreintes à l'origine ? Se mettre en mesure de
répondre à cette triple question c'est engager directement la matière de cette monographie ; il nous est
possible, au surplus, d'y procéder assez brièvement,
parce que la question a été suffisamment touchée, sinon
traitée complètement dans les ouvrages, livre ou thèse,

(1-2) *Moniteur Universel,* ann. 1834, p. 483;... 1840, p. 360.

de MM. J. Barthélemy et J. Bonnefon sur *L'introduction du régime parlementaire en France sous
Louis XVIII et Charles X* (Paris, Giard et Brière 1904) et
Le régime parlementaire sous la Restauration (Thèse
doct. Paris. Giard et Brière 1905); nous aurons donc
simplement à relater quelques faits que ces deux auteurs
ont exposés, mais appréciés de manière parfois discor-
dante, en faveur l'un du Parlement, l'autre de la
Monarchie : Cette divergence, du reste, n'a rien de très
surprenant aux yeux de quiconque se rappelle le carac-
indécis qui est celui de la Charte de 1814 elle-même.

On sait, en effet, — Bagehot le dit très expressément dans ses Mémoires — qu'eu égard à la généralité
de ses dispositions et à l'imprécision de ses termes,
« les ultras la considéraient comme un compromis
momentané et déclaraient la Restauration incomplète,
tant que le Roi, fort de son droit héréditaire, n'aurait
pas, avec l'aide de Dieu et de son épée, remis chaque
chose et chaque homme en sa place ». On se souvient
aussi qu'elle n'obtint guère plus de crédit auprès des
libéraux, dont la doctrine officielle était faite des idées
de Benjamin Constant et de Chateaubriand, et que le
parti afficha constamment la prétention théorique de lui
faire subir une évolution extensive dans le sens de la
coutume parlementaire anglaise : « La constitution
anglaise est-il écrit dans les *Réflexions politiques* (1),

(1) *Œuvres* de Chateaubriand, édit. Gosselin, 1836, in-12, t.
XVIII, p. 134.

est le fruit de plusiers siècles d'essais et de malheurs,
et nous en voulons une sans défaut dans six mois !...
Tout est perdu parce qu'on n'a pas tout !... Nous qui
commençons le gouvernement ne nous manque-t-il rien
pour le bien conduire ? Ne vaut-il pas mieux qu'il se
corrige progressiment avec nous que de devancer notre
éducation et notre éducation et notre expérience ? ».
C'était là vue sage et d'avenir : Royèr-Collard nia, au
contraire, à la tribune (1), que les chambres français-
ses, enfermées dans un texte, pussent l'assouplir à leur
avantage ; les comparant au Parlement anglais, « qui
peut tout faire parce qu'il a tout fait » il niait la possibilité de toute imitation avec cette raison : « Qu'avez
vous à emprunter de là, vous, mandataires, non des
siècles, mais de la Charte ? » ; les événements lui
donnèrent tort : les institutions fondamentales, et les
aspirations politiques de tout pays (cela fut vrai spécialement du régime parlementaire; loin de se laisser
enfermer ni étouffer dans des textes rigides et forcément
imparfaits, prétendent à une certaine latitude et
arrivent fatalement à modifier et modeler des mœurs
politiques la veille insoupçonnées. En fait, l'établissement et l'observation des règles réputés essentielles du
gouvernement parlementaire se produisirent contre le

----

(1) Séance du 3 Juin 1824, *arch. parl.*, 2me série, t. XII p.
193.

gré, du moins sans le concours de deux monarques
constitutionnels qui se succédèrent sur le trône.
Louis XVIII. a été accusé d'indifférence quant à ses
fonctions gouvernementales et de résignation trop
aisée à l'influence des étrangers, à la volonté de ses
amis ou à la domination de la favorite Madame du
Cayla; l'autre a été présenté comme inintelligent, de
principe ou par le fait d'une volonté délibérée, de son
rôle de monarque parlementaire (1). Certains ont
relevé avec âpreté ces appréciations ; il ne nous appartient pas ici de procéder à la critique délicate de ces
jugements ; certains indices doivent être observés, et
leur constatation suffit en l'espèce. C'est, d'abord, que
Louis XVIII sut parfois, en matière diplomatique
notamment, maintenir ses volontés propres ; mais que,
le plus souvent, avec cette affirmation répétée volontiers
que son intervention trop positive se concilierait mal
avec la juste indépendance de ses ministres, il céda
aux nécessités parlementaires, « à la tyrannie des
circonstances et aux agissements des partis ». C'est,
d'autre part, une remarque dans le même sens pour
Charles X ; représenté communément, par les partis
antidynastiques, alors qu'il n'était que comte d'Artois,

(1) Barthelemy. *op. cit.*, p. 97, 104, et l'art. de M. Delpech sur
le livre de M. Barthelemy, dans la *Revue du droit public*, 1905,
p. 213 et suiv. — Vadrennes, *Vie de Charles X* (Paris 1879, 3me
édit.) t. 2, p. 154 et suiv.

comme un ennemi irréconciliable des institutions
nouvelles, un prince résolu à tenter une contre-révolu-
tion et l'ennemi juré de la Charte, impatient de l'abolir,
il eut sans nul doute des velléités de tout changer et,
comme l'écrivait Guizot à de Barante après la mort de
Louis XVIII (1), de remplacer le pouvoir ministériel
par le pouvoir royal, en réduisant Villèle de la condition
de maître à celle de serviteur ; mais, défaillant en ses
principes, inconstant et sans fermeté, dépourvu surtout
de sens ou de perspicacité politique, il fut l'instrument
ou la dupe du parti des ultras entre tous impopulaire ;
et ceux-là mêmes qui veulent être le plus indulgents ne
répugnent pas à lui appliquer le mot de Rivarol sur
Louis XVI (2) : « Les vertus d'un monarque ne peuvent
pas être celles d'un particulier ; un roi honnête homme
et qui n'est que cela est un pauvre homme de roi ».

Ce n'est donc pas du côté du monarque que l'énergie
des Chambres à développer leurs prérogatives rencon-
tra des obstacles. Ce ne fut pas non plus, à la première
heure, du côté des ultras ; tout au contraire : la chose
vaut même d'être remarquée aussi, car il est peu
d'exemples aussi marquants d'une conduite faite d'affir-

---

(1) Barante, *Souvenirs* 1782-1866 (2me édit. Paris. 8 vol. 1890)
t. III p. 231, 444 — Pasquier, *Mémoires*, t. III p. 41 ; — Villèle,
Mémoires et correspondance (5 vol. Paris 1888) t. V, p. 105, 121.
174, 243.
(2) Bonnefon, *op. cit.*, p. 132 note 3,

mations catégoriques et de principes libéraux au début,
de résistances pratiques et de retraite jalouse à dater
de 1816, et dès qus Villèle remplaça au pouvoir le duc
de Richelieu. Le même M. de Châteaubriand qui avait
écrit au chapitre XV de la *Monarchie selon la charte*
que « sous la Monarchie constitutionnelle c'est l'opinion publique qui est la source et le principe du ministère, » disait, en 1822, ces paroles, auxquelles com-
munie Vitrolles (1) : « Il n'y a en France de monarchie
que dans la Couronne ; c'est elle seule qui nous sert de
barrière contre les flots de la démocratie. Si donc nous
ne défendons pas la prérogative royale, si nous lais-
sons les Chambres empiéter sur cette prérogative, si le
Gouvernement croit devoir céder à toutes les interpellations qui lui sont faites, vos institutions naissantes
seront promptement renversées, et la Révolution renaî-
tra de ses ruines (2) ». Mais là même M. de Vitrolles
avait, en 1815, exprimé une doctrine contraire dans sa
brochure *Du Ministère dans le Gouvernement représentatif* ; les journaux du parti, le *Constitutionnel*, les
Débats et surtout la *Quotidienne* s'étaient fait remarquer, non seulement par le combat dirigé contre la
Révolution, mais aussi par la lutte menée pour les

(1) Vitrolles, *Mémoires*, t. III., p. 2ᵉ 3.
(2) Discours prononcé en 1822, à propos de l'appel de la classe
de 1823 — Cf. Villèle, *op. cit.* t. IV, p. 236.

droits constitutionnels de la Chambre des Députés ;
ainsi, des mœurs s'étaient formées : la réaction essayée
plus tard par les ultras, dont M. La Bourdonnaie for-
mula les thèses nouvelles fut une vaine tentative, et
c'est la vérité tout entière que Duvergier de Hauranne témoin de ces manifestations, exprima comme
voici (1) : « Quand on vit de vieux et fidèles royalistes
placer hardiment la prérogative du Parlement en face
de la prérogative du roi ; revendiquer le droit d'initiative, le droit d'amendement, le droit de déterminer, de
régler, de contrôler les dépenses publiques ; déclarer
que les élections devaient être l'expression libre et
vraie de l'opinion nationale, et que la Chambre sortie
des élections, devait exercer une action prépondérante,
non seulement sur la direction des affaires, mais encore
sur le choix des ministres ; quand en un mot. des doctrines qui, jusqu'à ce moment, avaient passé pour révolutionnaires, reçurent le sceau du royalisme, alors un
grand pas fut fait vers la réalisation complète de ces
doctrines, et tout ce que les royalistes firent plus tard
contre elles, ne put effacer ce qu'ils avaient fait pour
elles ».

Ces doctrines sur la prérogative des Chambres ne
manquèrent pas, en effet, de marquer un progrès

(1) *Histoire du Gouvernement parlementaire en France*, 1814-
1848, t. III. p. 420.

constant : ce qui était tout d'abord une faculté au pro-
fit de l'exécutif se transforma tôt en une obligation à sa
charge ; ainsi en fut-il de l'intervention des ministres
aux débats ; Chateaubriand l'avait signalée comme
« conforme à la nature du Gouvernement représentatif » ; contre elle avaient résisté les premiers ministres
Dambray, M. de Blacas et même le baron Louis, stylés
à cet égard par Talleyrand ; mais, dès la session de
1814 même, l'abbé de Montesquiou comme ministre de
l'Intérieur avait, au moins pour certaines discussions,
affecté une autre attitude ; et l'usage, que n'eût point
imposé peut-être l'art. 54 de la charte de 1814, finit par
triompher, en ce sens que les ministres devaient, devant
les Chambres, souffrir la discussion de leurs projets ou
de leurs actes (1).

Il ne s'ensuit pas que la doctrine parlementaire fût
admise dès lors dans son intégralité ; il faut arriver en
1830 pour voir cette doctrine se généraliser et s'intrô-
niser dans la vie publique, avec le programme que tra-
çait M. Thiers le 3 janvier de cette année, dans le premier numéro du *National* : «... Une Assemblée élective

---

(1) Il n'empêche qu'en plusieurs circonstances, le chef du
ministère ne se mêla point aux débats pour défendre la politique
du Gouvernement : ainsi fit le duc de Richelieu, lorsqu'en 1820,
à l'occasion de l'adresse, le 3 mai, Manuel déposa un projet de
blâme de la politique générale (Arch. parl., 2e série, t. XXVII,
p. 464).

2

envoyée pour représenter le pays, faire prédominer son
esprit, non pour nommer les ministres, mais pour les
faire nommer par l'usage qu'elle fait de ses votes, n'ad-
ministrant pas de ses mains, mais par les mains des
hommes qui ont sa confiance », et, quelques jours après
dans le même organe avec ces mots plus caractéristiques et célèbres : « Le roi règne, les ministres gou-
vernent, les Chambres jugent. Dès que le mal gouver-
ner commence, le roi ou les Chambres renversent le
ministère qui gouverne mal et les Chambres offrent
leur majorité comme liste de candidats ». Il y a témérité, au contraire, nous semble-t-il, à affirmer que l'idée
et le fonctionnement régulier de la responsabilité politique ministérielle soient contemporains de la charte ou
de l'Acte additionnel.

Sans doute, à l'époque des Cent Jours, la prétention
avaient été affirmée par Barrère, au nom de la Chambre des représentants à l'encontre de Boulay de la
Meurthe, ministre d'Etat, que la présence des ministres, ministre d'Etat ou ministre à portefeuille, était
« d'autant plus nécessaire que lui seul peut donner tous
les renseignements désirables, et qu'en paraissant à la
tribune il achève de donner la garantie de sa responsabilité ». Le mot était bien prononcé : assurer la *responsabilité* des ministres ; mais deux choses doivent être
observées, et elles sont également importantes quant
aux affirmations données dans ce chapitre. L'idée était
entrevue, et figurait dans les *Principes* de Benjamin

Constant, que dans un Gouvernement parlementaire la responsabilité des ministres est la contre partie nécessaire et naturelle du caractère inviolable et sacré de la personne du monarque ; mais cette idée cadrait mal avec les conceptions personnelles et les anciennes habitudes de Napoléon ; et ce n'est guère que, peu de jours avant sa seconde abdication, le 17 juin 1815, que Malleville l'énonça (1). D'autre part, il y a loin entre l'affirmation de la nécessité et du dessein d'exercer un contrôle effectif sur les actes du Gouvernement et l'emploi positif d'un moyen raffiné et à procédure complexe tel qu'est l'interpellation. Bref, le rouage n'avait pas été inventé, parce que le mécanisme au perfectionnement duquel il devait plus tard servir n'était encore qu'assez rudimentaire.

La même chose peut être dite, toutes proportions gardées, quant au régime politique de la Restauration ; il nous paraît, en effet, d'une parfaite exactitude de conclure à cet égard avec M. Bonnefon, *op. cit.* p. 217 (sauf à faire remarquer que deux des auteurs cités n'ont point eu sur la prérogative parlementaire une opinion

---

(1) Cf. Benjamin Constant, *Principes de politique* (mai 1815), p. 45, 158 sv. ; Buchez et Roux, *Hist. parlementaire de la Révolution française*, 1838, t. XI, p. 178. — V. aussi dans la *Revue du droit public*, t. VII, ann. 1897, l'art. très important de M. René Jacquelin, sur *Les Cent-Jours et le régime parlementaire*.

soutenue) : « Bien qu'affirmé par des théoriciens comme
Benjamin Constant, Chateaubriand, le droit pour la
majorité de la Chambre d'exiger le renvoi des ministres
qui ne sont pas d'accord avec elle, n'est pas nettement
et universellement reconnu à cette époque. Il est formellement nié par les doctrinaires et tous ceux qui
s'appuyaient sur l'interprétation stricte et littérale de
la charte. Et si les ultras de la Chambre introuvable
revendiquèrent sur ce point la pratique parlementaire,
il faut dire qu'ils se gardèrent bien d'en accepter jamais
la théorie. En réalité, la mise en accusation pour les
crimes de trahison et de concussion, le refus de crédit
pour les fautes moindres apparaissent à cette époque
comme les deux seuls moyens de sanction légale, constitutionnelle, auxquels puisse aboutir le contrôle parlementaire ». Ainsi, point de responsabilité politique au
sens commun de ce terme dans la langue parlementaire ; et surtout point de mécanisme formel d'interpellation.

Point de responsabilité politique au sens commun de
ce terme tout d'abord. — Ceux qui firent ou reçurent
la Charte ne parlèrent de la responsabilité politique que
pour en rejeter le principe : ainsi il en fut au Conseil
d'en haut deux jours après la promulgation de la constitution nouvelle, comme on l'aperçoit en un fragment
des *Archives parlementaires* (2ᵉ série, t. XIV, p. 85) ;
ainsi il en faut juger d'après les *Réflexions politiques*
de Chateaubriand, publiées en décembre 1814 et visant

d'une manière manifeste et exclusive l'existence d'une
responsabilité simplement morale avec ces mots (ch.
XIV) : « Un homme absolument nul ne peut occuper
longtemps une première place sous un gouvernement
représentatif. Attaqué par la voix publique et dans les
deux Chambres, il serait bientôt obligé de descendre
du poste où la seule faveur l'avait fait monter ». —
Ceux qui en éprouvèrent ou dirigèrent les premiers
essais n'en eurent ni la répercussion ni les triomphes :
en 1814 le comte Ferrand désapprouvé par la majorité
de la Chambe à la suite du rapport fait par Bedoch sur
le projet de loi relatif aux biens des émigrés conserva
le pouvoir et les faveurs de Louis XVIII (1), et ce fut
la tactique de ce roi d'intervenir souvent dans les
conflits ministériels et de prononcer souverainement
sur le litige, comme s'il ne devait que continuer la vieille
conception monarchique française et se faire par suite
l'arbitre entre tous les pouvoirs (2). Dans les premiers
mois de 1821, la Chambre entendit comme un réquisi-
toire du général Donnadieu contre le ministère Richelieu;
mais elle y demeura sourde (3), comme si l'affirmation du
droit pour la Chambre de décider du sort des ministères
était en contradiction avec les dispositions de la Charte;

(1) Pasquier, *Mémoires*, t. III, p. 33.
(2) V. Barthélemy, *op. cit.*, p. 99 et sv.
(3) Dareste, *Histoire de la Restauration*, (1879), t. I, p. 462.

c'était, du reste, la thèse non déguisée des royalistes
que l'art. 13, d'après lequel « les ministres sont responsables », enfermait seulement un principe vague et
général, et qu'au surplus l'esprit général de la Charte
et la pensée non douteuse de ses auteurs ne permet-
taient pas d'en induire la règle de la responsabilité
politique. De même à la fin de 1827, lorsque les élections subséquentes au rétablissement de la liberté de la
presse en nécessitant une fournée de 76 pairs et la
dissolution de la Chambre, eurent renforcé l'opposition
de gauche et d'extrême droite contre le ministère
Villèle, celui ci, réduit à l'appui de 170 voix, ne démis-
sionna point ; et, parce que, dans la réalité des choses,
« constitutionnellement parlant », le principe de la
responsabilité n'avait point acquis autorité souveraine,
il se contenta, pour l'heure, de solliciter l'appui du roi
et de proposer l'abandon des projets tels que la restriction de la liberté de la presse ou le licenciement
de la garde nationale insubordonnée, qui avaient pro-
voqué la coalition (1).

Cependant on était ainsi aux dernières années de la
Restauration, en sorte que se trouve fort réduite
l'autorité du précédent contraire, invoqué par M. Barthélemy : Cet auteur voit dans la chute du ministère

_____

(1) Villèle, *op. cit.* p. 284-296 ; Dareste, *op. cit* , t. II, p. 323 ;
Barthélemy, *op. cit.*, p. 286.

Richelieu survenue en 1821 l'observation de « rites parlementaires » et de principes dont le duc lui-même aurait promis l'observation en affirmant son dessein « d'acclimater en France le gouvernement parlementaire » et « de bonne foi l'établissement du gouvernement représentatif suivant l'esprit et non d'après la lettre de la Charte (1) ». Il est, à ce sujet pris à partie par M. Bonnefon (2) ; celui-ci essaie tout d'abord cette argumentation plus décisive que par « esprit » le duc de Richelieu entendait « l'esprit qui avait guidé ses auteurs, la pensée maîtresse de leur conception génératrice de leur pensée » ; il nous paraît mieux inspiré lorqu'après M. Thureau-Dangin, il interprète les propos du duc de Richelieu d'après la psychologie de cet aristocrate, intelligent de la mission élevée et réconciliatrice de la Restauration, pénétré d'une foi médiocre dans la vertu et la durée du régime représentatif en France, allé aux institutions nouvelles par une compréhension droite et loyalement raisonnée de leur nécessité présente.

Moins aisément peut-être on se dégagerait d'un autre fait, de la retraite du ministère libéral Martignac le 8 août 1829, après que celui-ci battu par la gauche qui n'avait pas répondu à son appel, et par la droite,

---

(1) Barthélemy, *op. cit.*, p. 129, 282.
(2) Bonnefon, *op. cit.*, p. 240-243 : Thureau-Dangin, *Royalistes et Républicains* (1888), p. 174.

qui refusait de le soutenir eut essuyé divers échecs, dont le plus connu est celui du projet d'organisation départementale et communale ; il ne nous paraît pas utile de discuter là dessus, pour montrer au besoin que la démission collective du Cabinet n'intervint qu'après des mises en minorité successives et quand le roi lui retira son appui après avoir constaté la perte définitive pour ses ministres de toute autorité dans les Chambres ; la démonstration ne serait pas impossible ; mais mieux vaut reconnaître qu'à l'époque où intervint le fait dont il s'agit il pouvait marquer ou inaugurer une étape nouvelle dans l'évolution constitutionnelle, concomitante à « l'action prédominante de la Chambre dans le gouvernement », comme disait M. de Martignac, se produisant « à mesure que le progrès naturel des institutions représentatives élève la Chambre des Députés à la place qui lui appartient dans le gouvernement », comme disait Royer-Collard. — C'est précisément cette évolution que nous retracerons dans cette thèse, à propos de l'interpellation, car celle-ci en est un indice ; mais, pour bien mesurer aussi la portée de cette innovation parlementaire, il faut indiquer très sommairement encore comment, jusqu'à la veille de la Monarchie de juillet il n'y eut, à la Chambre, que des procédés déguisés ou détournés de contrôle et point d'interpellation.

Point de mécanisme formel d'interpellation directe, disons-nous. — Ainsi précisée, la formule nous paraît

à l'abri de toute discussion, pourvu qu'on la combine
avec la réserve d'un fait et une précision de termes. Le
fait à dégager se réfère à une tentative de réquisition
directe de renseignements, l'unique apparemment qui
fut adressée, sous la Restauration, au ministère. C'était
à la séance du 5 juin 1820, au lendemain de désordres qui avaient eu la place Louis XV pour théâtre et
pour suite la mort d'un jeune homme ; M. de Serre pris
à partie répondit en affirmant l'ouverture d'une instruction criminelle et promettant la garantie de la paix publique ; plusieurs députés avaient été insultés aussi ;
Camille Jordan proposa à la Chambre de suspendre ses
séances jusqu'à ce qu'ample satisfaction eût été fournie
à ses désirs ; l'affaire en resta là parce que la solution
n'était ni facilitée par la Constitution, ni secondée par
l'expérience parlementaire. — Quant à la précision à
fournir des termes de la formule, elle consiste à dire
que, faute d'user de l'interpellation et avec elle de
diriger immédiatement et directement sa critique contre
les actes du gouvernement, la Chambre des Députés
préparait cet usage et s'habituait à cette critique par
les traditions qu'elle avait hautement et habilement
établies quant au vote du budget, à l'examen des
pétitions et à la discussion de l'adresse.

Il n'a été jusqu'ici, et il ne va être ci-après question
que de la Chambre des Députés ; il n'y a nul motif de
s'en étonner : le mieux qu'il y est, en effet à dire de la
Chambre des Pairs, c'est qu'elle n'avait aucun caractère

représentatif et partant qu'elle n'eut point d'action politique ; nous avons lu dans le livre très imprégné de la pure doctrine parlementaire de M. Esmein et nous avons aussi entendu soutenir dans ses cours de droit constitutionnel par l'un de nos anciens maîtres cette thèse, appuyée de Châteaubriand et soutenue de toute une série d'exemples et de faits que les Chambres Hautes sont impuissantes à mettre en jeu la responsabilité ministérielle (1) ; cela suffirait peut-être ; cela se doit, en tous cas, combiner avec les opinions non douteuses sur la quasi inexistance politique de cette Chambre des Pairs, grossie maintes fois de fournées (2), qui était diminuée comme par avance par des exclamations comme celle-ci, de M. de Villèle : « Des pairs ! j'en ferai tant qu'il sera honteux de l'être et honteux de ne l'être pas ! », et que les mémoires de d'Haussez comparent à « une espèce de cimetière où l'on enterrait pour qu'il n'en fût plus question les nullités en faveur et les supériorités que l'on redoutait (3) ».

---

(1) Châteaubriand, ch. XV et XXIV de la *Monarchie selon la Charte* — et l'argumentation nourrie et saisissante de M. Esmein, *op. cit.*, p. 625 s v. — V. d'ailleurs en sens inverse, Pasquier, Mémoires, t. IV, p. 130 ; Lanjuinais, *Essai historique et politique selon la Charte*, p. 206, 213, 261, 275.

(2) Sur les fournées, Barthélemy, *op. cit*, p. 295 et sv., — et *Moniteur Universel*, 7 Nov. 1827, p. 1533.

(3) Dans la *Revue de Paris*, du 1er mai 1896, p. 134.

L'action de la Chambre des Députés vaut donc seule d'être retenue ; les moyens par lesquels elle s'exerça furent eux-mêmes, d'ailleurs de fréquence et d'énergie très différentes : la chose ressort bien de quelques explications.

Le vote du budget, parce qu'il permettait à la Chambre populaire d'examiner les nécessités gouvernementales invoquées à l'appui des demandes de subsides, lui donnait, du même coup, la facilité de discuter la conduite politique du ministère ; les Députés de la Restauration ne manquèrent pas plus d'user de cette faculté que de celle résultant pour eux, après coup, de la discussion et de l'examen de la loi des comptes. Ce n'est point ici le lieu de dire, même en raccourci, comment ils en tirèrent des principes, qui sont fondamentaux dans la législation budgétaire : spécialité de l'appropriation des crédits à des services déterminés (V. surtout l'Ordonnance du 1ᵉʳ septembre 1827) ; universalité des dépenses et des recettes soumises à l'examen et au vote des Chambres (Cf. Ordonnance du 14 septembre 1822) ; autorisation préalable requise pour les crédits additionnels (Rpr. L. 25 mars 1817 et Ordonn. 1ᵉʳ sept. 1827) ; ce sont choses très connues de tous et à l'occasion desquelles il convient dès lors de rappeler simplement qu'elles furent tôt acquises après des luttes vives, mais décisives.

Pasquier, de Villèle, Roy, du côté des royalistes dénonçaient comme atteintes à la prérogative royale la

doctrine libérale et ils soutenaient en thèse que « la conséquence nécessaire de cette vérité fondamentale (qu'au
roi seul appartient la puissance exécutive), c'est que le
roi a seul le droit de faire aux dépenses l'application
de l'impôt ; car l'administration est la partie principale
de la puissance exécutive, et celui-là seul administre
qui distribue les dépenses » (1) ; c'était, en l'espèce donner à l'octroi des crédits par la Chambre une portée
purement indicative, en faire ressortir pour les Ministres une simple obligation morale, et, d'une manière
plus générale nier toute subordination du Cabinet aux
volontés, aux questions et aux votes de l'assemblée (2).
Cependant Manuel, Foy, Benjamin Constant, Laffite,
Royer-Collard au nom du Parti Libéral, prétendaient, à
propos de tout crédit demandé, pouvoir examiner si et
jusqu'à quel point le Ministre dont le département était
intéressé à l'allocation de cette somme avait la confiance de la majorité : ils s'appuyaient, eux, non plus sur
la prérogative, mais sur l'idée et la formation concomitante ou même antérieure au budget « d'un véritable
contrat qui oblige le Gouvernement envers la Cham-

(1) V. Séances du 5 avril 1820, Archives parl., XXIX, p 65,
123 ; — et du 2 juillet 1820, moniteur univ., p., 935.
(2) V. Boucard et Jèze, Eléments de la science des finances t. 1,
p. 208-210.

bre et la Nation » (1) ; ce qui revenait à donner un sens
limitatif au vote financier, à fixer une obligation légale
aux Ministres, et à tolérer à propos des comptes des
discussions politiques étendues contre le Gouvernement. « Je ne reconnais point que nous encourions un
blâme mérité, et que nous faussions le système représentatif, lorsque nous ne votons pas sans examen une
loi qui doit régler les comptes que les Ministres nous
présentent. Je ne puis croire que le droit de discuter les
dépenses faites ou à faire ne soit, comme ils ont la
bonté de nous l'apprendre, que le droit de les consentir ». Ainsi avait parlé Benjamin Constant, le 5 avril
1820 ; la tradition du droit de la Chambre fut dès
lors établie ; la preuve en résulte surabondamment de
discussions demeurées célèbres et typiques du genre
de celles auxquelles se livrèrent dès 1821 le général
Sébastiani et Bignon, et qui furent prétexte à une critique entière de la politique intérieure ou extérieure du
Ministère.

Il en va de même des pétitions : alors que les questions ou interpellations directes aux Ministres étaient
encore insoupçonnées d'une pratique parlementaire
naissante, — tout comme l'habitude d'ordonner des en-

---

(1) V. Séance précitée du 5 avril 1820, et, en outre, un discours
de Royer-Collard, à la séance du 18 août 1822.

quêtes (1), — maintes et maintes fois l'examen de pétitions dévia sur le terrain de la politique générale. Il n'y
a peit apparemment de corrélation entre le retrait de
lois d'exception sur la liberté de la presse et la politique
extérieure d'un Gouvernement ; le 7 février 1821,
M. de Chauvelin et La Fayette firent preuve du contraire à propos d'une pétition du colonel Alix (2) ; quel-

(1) « La Chambre n'est point ce qu'est la Chambre des Communes en Angleterre déclare un jour Pasquier ; elle ne forme point
comme cette dernière de Commission d'enquête ; je doute que
jamais on réussisse à lui en faire former une » (Ch. des Députés,
séance du 15 février 1820, *Arch. parl.*, t. XXIII, p. 7). Les tentatives pour faire ordonner et aboutir une enquête furent très rares
en effet. Quelques unes à peine réussirent à faire du moins quelques progrès : elles avaient été présentées comme « accessoire »
du droit d'examiner des pétitions, ainsi en fut-il le 10 mai 1819
de la proposition faite par M. de Chauvelin d'une Commission
d'enquête sur les valeurs actives et passives du trésor public
(*Arch. parl.*, t. XXIV, p. 309) ; mais elles avaient surtout tendu
à faire mettre les ministres en accusation, telle la proposition qui
fut faite, le 14 juin 1828, par Labbey de Pompières, contre l'ancien Cabinet de Villèle et, qui lui fournit l'occasion de passer en
revue, durant plusieurs heures, tous les actes accomplis par ce
Ministère au cours des six précédentes années, et qui n'avait, en
réalité, que le but politique de signifier au roi les attitudes et les
prétentions de la Chambre contre ses Ministres. (Cf. Bonnefon,
op. cit., p. 208). Cela ressortirait, au besoin, de ces paroles de
M. Mauguin, le 30 juillet 1828 : « J'ai voulu tirer de cette accusation une extension de pouvoirs pour la Chambre, le droit d'instruction et d'enquête. Jamais il n'est entré dans mon esprit d'en
faire un sujet d'attaque contre M. de Villèle, et j'aurais moi-même
couvert de boue ceux qui auraient tenté de l'accuser. » (V. Villèle, *mém.*, t. v, p. 330).

(2) Barthélemy, *op. cit*, p. 243.

ques jours plus tôt Dupont de l'Eure avait tiré d'une
série de pétitions sur la loi électorale la matière de
griefs au Ministère sur le retard mis à la convocation
des Chambres. Certains historiens ont parfois mis en
doute la réalité de certaines pétitions, l'existence de
certains pétitionnaires : le cas est célèbre de la dame
Mathea, demandant, au lendemain de la première Restauration d'être indemnisée au sujet de la détention
qu'elle avait de biens nationaux ; c'est, en tout état de
cause, un fait sûr, affirmé par Mahul, dans son *Tableau
de la Constitution politique de la monarchie française selon la Charte* (1830, p. 447), et Pasquier, dans
ses *Mémoires* (T. IV, p. 94) qu'à cette époque des pétitions furent provoquées. Au début les Ministres du roi
et des ultras, comme Decazes, prétendirent en limiter
le champ et la portée à la réquisition de documents
d'intérêt général et à la mise en accusation de Ministres ; l'opposition eut vite fait de faire rejeter cette
théorie comme équivalent à la destruction du droit de
pétition, à l'anéantissement de l'une des garanties de
la liberté individuelle et surtout à la diminution insup-
portable des prérogatives essentielles de la Chambre.
Finalement, l'examen des pétitions passait dans la
théorie littéraire du nouveau régime constitutionnel
pour un moyen supérieur même à l'adresse, car il
mettait la Chambre en mesure de « manifester directement son opinion sur un acte du Gouvernement sans
passer par l'intermédiaire du roi ».

Cependant quelques années après l'avènement au trône de Louis XVIII, on voit l'adresse perdre son caractère banal d'hommage au roi, et affecter celui plus important et plus énergique, d'un document expressif d'approbations, de doléances ou de vues sur la marche du Gouvernement. Laffitte, en 1819, avait tenté de lui faire franchir ce pas ; l'évolution était commencée en 1821 lorsque, le 26 novembre, la Bourdonnaie entraîna son parti et une forte majorité de la Chambre à exprimer dans l'adresse la « juste confiance que cette paix précieuse (avec les puissances étrangères) n'est achetée par aucun sacrifice incompatible avec l'honneur de la nation et la dignité de (la) Couronne » ; ces mots contenaient, en réalité, un blâme au Ministre des Affaires Etrangères, et Pasquier le comprit si bien, qu'acceptant le débat sur le terrain où il avait été porté, il s'efforça d'expliquer ses relations avec les cours d'Europe (1) ; dans ces conditions nous ne croyons pas commettre d'exagération en affirmant que d'année en année, l'évolution fit des progrès plus marqués, qu'il convient ici, non de décrire ou même de résumer, mais de rappeler quant à leur fin et à leurs formules. Ces formules sont toutes significatives : En 1823, M. de la Bourdonnaie encore, sans nuances, déclare que l'adresse « ne doit pas être seulement un hommage de respect

---

(1) Arch. parlem. T. XXXVI, p. 582.

et de dévoûment, mais encore l'expression de l'opinion de la Chambre sur la marche du Gouvernement (1) », et les Ministres ne font plus de réserves,
alors que les années précédentes, ils avaient, par l'organe de M. de Serre, discuté la prétention parlementaire. Cinq ans après, en 1828, la Gauche réclama et
obtint malgré les observations de certains, un blâme
de la politique « déplorable » de M. de Villèle déjà
tombé du pouvoir (2).

Quant à la fin poursuivie au moyen de l'adresse, elle
fut affirmée, d'éclatante manière, quelques mois avant
la chute de Charles X. Celui-ci, confiant comme en autant d'avantages, dans la prospérité des finances publiques, l'heureuse situation extérieure du pays et les
assurances de M. de Polignac, avait déclaré, à l'ouverture des Chambres : « Si de coupables manœuvres
suscitaient à mon Gouvernement des obstacles que je
ne veux pas prévoir, je trouverais la force de les sur-
monter dans ma résolution de maintenir la paix publique, dans la juste confiance des Français et l'amour
qu'ils ont toujours montré pour leurs rois » ; il fut fait
à ces paroles une réponse catégorique et touchante dans
l'adresse : les prérogatives constitutionnelles de la
Chambre étaient reprises au point de faire présager le

(1) T. XXXVII, p. 280.
(2) Dareste, *op. cit.*, T. II, p. 230, 342.

3

plus grave conflit, car le débat est implicitement porté
sur la question même de la nature du Gouvernement et
du régime ; la meilleure preuve, s'il était utile d'en
fournir, en serait le rejet, au lendemain du vote de
cette adresse, d'une modification à ses termes qui avait
pour but tout en maintenant effectivement les prétentions de la Chambre, de ménager davantage en la forme
la prérogative royale ; trop vague au gré des libéraux, non moins inconstitutionnelle aux yeux des
royalistes que le premier texte, elle déplut à tous ; la
lutte fut assez longue et très vive entre les deux partis.
Les ministres s'étaient appuyés sur les art. 13 et 14 de
la Charte ; et, Berryer, pour ses débuts à la tribune,
dégagea leur argumentation, et assignant à l'adresse
proposée l'intention et le but « de placer la Couronne
dans l'alternative de renvoyer ses Ministres ou de dis-
soudre la Chambre », il n'hésita pas à déclarer sans
nuances que « d'après la Charte, la dissolution de la
Chambre, comme le choix des Ministres dépend uniquement de la volonté du roi (1) » ; du côté opposé,
Dupin et Benjamin Constant affirmaient la stricte nécessité du concours des Chambres à la marche des
affaires, et c'est bien la thèse qui prévalut en ces termes de l'adresse : « La Charte.... consacre comme un

(1) *Archives parlementaires*, t. LXI, p. 576 et sv. ; Duvergier
de Hauranne, t. X, p. 446 et sv.

droit l'intervention du pays dans la délibération des intérêts publics. Cette intervention devait être, elle est en effet, indirecte, sagement mesurée, circonscrite dans des limites exactement tracées et que nous ne souffrirons jamais que l'on ose tenter de franchir ; mais elle est positive dans son résultat, car elle fait du concours permanent des vues politiques de votre Gouvernement avec les vœux de votre peuple, la condition indispensable de la marche régulière des affaires publiques ».

Le principe, énoncé depuis de longues années avec des hésitations sans cesse moindres, était dorénavant dégagé de toutes réserves et solennellement affirmé : des moyens indirects et des détours de procédure avaient été essayés et constamment développés pour faire sortir un plus entier effet à la règle politique découverte. C'est la fortune de certaines théories de briser toutes oppositions qui contrarient leurs termes légitimes par l'évolution sociale ; Charles X, avec cette raison qu'il n'avait que le choix de monter « à cheval ou en charrette », et « sous ce prétexte que l'art. 14 lui conférait le pouvoir de faire des ordonnances pour le salut public », et son ministre Polignac, « l'un de ces muets qui étranglent les empires », suivant le mot de Chateaubriand, se crurent, par point d'honneur, en droit et en mesure, de dégager pour toujours le pouvoir monarchique des « entreprises révolutionnaires » ; la signature par eux des quatre fameuses ordonnances de juillet coïncide avec celle de leur propre perte, et leur chute marque aussi une ère de nouveau progrès pour le régime parlementaire.

De même c'est une loi des institutions politiques dégagée et illustrée par des historiens et des sociologues comme Taine et Le Play, que ces institutions, loin de se créer de rien et de se transformer par à-coups ou avec surprises sont uniquement des résultantes d'évolutions lentes et n'ont des chances de durée que si elles se rattachent à des règles ou des pratiques antérieures ; l'interpellation comme accessoire du régime parlementaire et mécanisme plus net et redoutable tout ensemble que les procédés antérieurs date de la monarchie de juillet, la chose nous paraît incontestable ; mais ce serait, à nos yeux, commettre une erreur moins grave de nier l'exactitude historique de ce fait que de mettre en doute la relation du procédé de l'interpellation avec le progrès du Gouvernement parlementaire, l'extension délibérée de la prérogative de la Chambre populaire, le perfectionnement continu du contrôle et des moyens de contrôle politique de tous les actes du Cabinet.

Pour comprendre ce mouvement, il fallait avoir une idée des étapes parcourues depuis 1814 et atteintes en 1830 ; ce fut l'objet du chapitre qui s'acheve de les expliquer et systématiser avec une brièveté qui nous a paru plusieurs fois regrettable, mais nécessaire. Le but de celui auquel nous arrivons est de montrer avec plus de détails que nous croyons moins connus et avec plus de références à des débats qui nous ont semblé moins explorés, comment l'interpellation apparut comme un succédané du droit de la Chambre à avertir la majorité et le pays légal des tendances, des fautes ou des inhabiletés d'un Ministre ou du Cabinet ; comment aussi elle s'introduisit dans les mœurs en dehors de tous textes permissifs ou limitatifs de la Charte et surtout du règlement ; comment enfin elle fut de plus en plus débarassée de certaines entraves qui lui avaient été suscitées, sous prétexte d'inconvénients et par crainte d'interpellations dangereuses ou superflues, aux fins de faire juger l'opportunité de l'interpellation souverainement par l'assemblée et sans nulle explication de ses intentions par le membre désireux de se faire entendre.

CHAPITRE II

Les débuts et la pratique généralisée de l'interpellation sous le règne de Louis-Philippe

Ces débuts remontent à une séance de la Chambre des Députés du 5 novembre 1830 ; Garnier-Pagès le nia, en 1846, un jour où il déclara, en riposte à une affirmation contraire de M. de Schauenburg que, sous la Restauration, le droit n'avait jamais été refusé à la minorité « d'adresser des interpellations au ministère (1) » ; c'était à notre sentiment, une équivoque et une confusion faite involontairement entre deux choses très distinctes : la question et l'interpellation.

_____

(1) V. _Moniteur universel_, séance du 7 avril 1846, p. 883, _in fine_.

Dès le temps de Louis XVIII, — la chose est indiscutable, et nous l'avons nous-même indiquée — les ministres durent souffrir des questions au sujet des pétitions adressées aux Chambres, des discussions engagées au Parlement ou bien encore des incidents soulevés sur le procès-verbal des séances de l'Assemblée ; mais, en la forme tout au moins, les choses se bornaient là. Sous le règne de Louis-Philippe, au contraire, par l'effet de la substitution aux questions des interpellations et le perfectionnement de ce dernier moyen, des votes, des ordres du jour motivés et susceptibles par là-même d'avoir une portée politique décisive, marquaient le terme d'interpellations portées directement comme telles à l'ordre du jour. Garnier-Pagès avait oublié inconsciemment cette particularité formelle, mais grosse de sens ; mais lui-même avait mieux dégagé les faits et la vérité, à la séance du 5 mars 1834, lorsqu'il dit : « En novembre 1830, il (M. Mauguin) introduisit le mode des interpellations pensant qu'il était utile à l'intelligence, à la bonne harmonie en quelque sorte de discussion, qu'on ne vînt pas au milieu de la discussion générale d'une loi, ou dans une discussion toute spéciale parler de choses qui pourraient jusqu'à un certain point y être étrangères et qu'il convenait mieux dans l'intérêt même des délibérations de cette Assemblée de demander qu'un jour fût fixé, afin que le ministre qui serait chargé de faire la réponse pût être prêt, et qu'une délibération pût avoir lieu sur cette question (1) ».

Le souci de l'exactitude historique et terminologique doit nous amener, d'ailleurs à déclarer, sans plus tarder, que sous la monarchie de juillet, bien des fois le mot « interpellation » fut pris en un sens assez particulier et donna lieu à des confusions : ainsi, d'une part, il fut pris accidentellement comme synonyme d'interruption (2), de question de collègue à collègue (3) ou de demande de renseignements aux membres d'une Commission (4) ; d'autre part, assez souvent et même assez tard, la délimitation n'est pas observée entre questions et interpellations et la raison de cette confusion semble être une formule employée par le président pour déclarer l'incident terminé et le débat clos (5). Il n'empêche

(1) *Moniteur universel*, 1834, p. 494. — Rpr. des explications, sur lesquelles nous reviendrons, de M. Mauguin lui-même, à la même séance, *ibid.*, p. 495.

(2) Chambre des Députés, séance du 25 janvier 1834. *Monit. universel*, p. 166.

(3) Ch. des Pairs, séance du 21 août 1830, *Monit. universel*, p. 944.

(4) Ch. des Députés, séance du 30 mars 1838, *Monit. universel*, p. 743.

(5) Ch. des Pairs, séance du 14 avril 1831, *Monit. universel*, p. 802.

Ch. des Députés, séances des 11, 12, 13 et 30 mai 1835, *Mon univ.*, p. 1129, 1146, 1165, 1354.

Ch. des Députés, séance du 19 mai 1836, *ibid.*, p. 1145.

que sauf ces accidents de langage et d'assez communes
erreurs sur le droit anglais (ignorant, quoi qu'en aient
dit bien des députés, de l'interpellation au sens français
du mot) la distinction était ordinairement formulée et
certainement comprise par les parlementaires de 1830
entre la question, qui ne peut par elle-même dégénérer
en un débat et se borne à un dialogue du questionneur
avec le ministre et l'interpellation, qui risque, même si
elle est abandonnée par son auteur, d'être reprise, de
fournir matière à une discussion générale, et d'aboutir
en tout état de cause, même au cas très rare où il n'y a
point d'ordre du jour proposé, à un jugement de la
Chambre sur un acte du ministre ou du ministère.
Voici notamment une définition et une réplique confir-
mative, très caractéristiques l'une et l'autre, donnée et
émise, devant la Chambre des Pairs à la séance du
29 mars 1831, par le duc de Broglie et le comte de

Ch. des Pairs, séances des 7 et 8 février 1838, *ibid* , p. 243,
252.

Ch. des Députés, séance du 27 avril ; 14, 16, 25 mai ; 12 et 18
juin 1838, *ibid.*, p. 1055, 1255. 1275, 1404, 1653, 1712.

Ch. des Députés, séance du 18 février, 25 avril, 13 mai, 9 juin
et 4 décembre 1840, *ibid.*, p. 326, 818. 1043, 1349.

Ch. des Députés, séance du 15 avril 1841, *ibid.*, p. 995.

»	»	du 25 janvier 1842, *ibid.*, p. 169.
»	»	du 3 février 1843, *ibid.*, p. 213.
»	»	du 19 mars 1845, *ibid.*, p. 661.
»	»	du 4 mai 1846, *ibid.*, p 1218.
»	»	du 4 février 1848, *ibid.*, p. 284.

Montalembert (1) : « Il faut, avait dit le premier, distinguer ces interpellations (on doit lire : questions) qui
n'entraînent aucune discussion, comme une demande
d'explications faite à un ministre sur un incident,
d'une interpellation régulière, telle que celles qui ont
lieu dans une autre assemblée (la Chambre des Députés) », et le second de répondre : « Je remercie le noble
duc de ce qu'il vient de dire. Nous avons maintenant
deux privilèges bien établis : d'abord le premier qui n'a
jamais été contesté ; puis celui de pouvoir *interpeller*
un ministre sur un événement qui offre de l'intérêt ».

La même préoccupation nous force aussi à mention-
ner qu'à certaines heures, plusieurs membres de l'assemblée risquèrent aussi des explications retardées ou
équivoques sur la nouvelle manière de surveiller les
actes des ministres. Ainsi, c'est M. Piot qui affirma
que « le droit d'interpellation dérive de la responsabilité ministérielle..... du droit qu'à la Chambre d'accuser les ministres » (2) ; la formule est exacte en sa première partie ; malheureusement elle contient cette
partie d'erreur que nous avons signalée au chapitre
précédent et qui consiste à sembler ne reconnaître à
l'encontre des ministres d'autre responsabilité que la

---

(1) *Monit. universel*, 1831, p. 653.
(2) Guizot, Histoire parlementaire de France, (1863, Michel
Lévy, Paris), t. II, p. 206.

responsabilité pénale. — C'est, une autre fois, M Guizot lui-même qui émet cette idée : « Il (le droit d'interpellation) s'est présenté comme une conséquence,
comme un démembrement, si je puis ainsi parler, du
droit d'initiative. Le droit d'initiative ayant été attri-
bué par la charte de 1830 d'abord comme droit collectif
à la Chambre, ensuite comme droit individuel à chaque
membre de la Chambre.... c'est, je le répète, comme
conséquence, comme démembrement de ce droit d'initiative et de proposition faite par un membre que le
droit d'interpellation a été introduit dans la Chambre
sur la demande de l'honorable M. Mauguin (1) ». La
paternité ainsi attribuée à ce député du mécanisme
nouveau est juste ; par contre, la relation établie entre
l'interpellation et l'initiative nous paraît fort suspecte :
il ne fait pas difficulté que le partage de l'initiative
entre les Chambres et le Gouvernement, tel que l'as-
sura l'art. 15 de la charte du 14 août 1830, impliquait
pour les Chambres prises en corps et leurs membres
envisagés individuellement la possibilité de se ménager
par des moyens divers, notamment par la réquisition
d'explication ministérielle, l'exercice le plus sûr de leur
droit tout nouveau ; le fait ne souffre pas davantage
discussion que les formalités pour l'initiative et l'interpellation étaient essentiellement différentes, au point

(1) *Ibid.*, t. II, p. 202, 204.

que l'une exigeait le renvoi préalable de la proposition
au bureau et l'appui de trois bureaux préalablement à
toute discussion publique, alors qu'une dispense de
cette double condition caractérise l'autre. Ce n'est donc
qu'avec une terminologie des plus imprécises. et en
détournant les mots de l'acception qu'ils ont dans la
langue constitutionnelle et parlementaire, qu'on peut
arriver à confondre les deux choses. L'interpellation à
la première heure fut aussi distincte en la forme et au
fond de l'initiative qu'elle l'était de toutes autres facul-
tés ou procédures parlementaires auxquelles on voulut
parfois l'assimiler, des motions d'ordre notamment dont
c'était le propre, dès ce temps, d'interrompre toute
discussion et de finir par un décret d'urgence. Avec
raison, M. Mauguin le déclarait, lorsqu'après avoir
affirmé la coexistence dans toute Chambre de deux
espèces de discussions, l'une législative et l'autre d'affaires, il ramenait à des discussions d'affaires le droit
d'interpellation et définissait celui-ci « non pas, comme
on l'a dit, un démembrement de l'initiative, car la
Chambre n'a rien à délibérer..... (mais) simplement une
discussion sur les affaires administratives, une discussion sur les affaires intérieures ou extérieures....., une
manière de forcer la majorité et le pays d'ouvrir les
yeux sur les tendances, les fautes, ou l'inhabileté d'un
ministre (1) ».

(1) *Monit. universel*, séance de la Ch. des Députés du 5 mars
1834, p. 496.

Or, M. Mauguin sur l'origine et le sens de l'interpellation, a bien quelque autorité, puisque c'est lui qui fit
les premières interpellations et, dans les séances du
5 novembre 1830 et du 27 janvier 1831, demanda au
ministre des Affaires étrangères, général Sebastiani,
des explications sur l'attitude de la France vis-à-vis de
certains pays, sur les affaires de Belgique et de Pologne spécialement. Avant d'examiner tour à tour ce que
fut la pratique de l'interpellation non prévue dans la
charte et les premiers règlements, et sous quelles conditions de forme, d'abord gênantes et peu à peu relâ-
chées, elle se généralisa, il est curieux et nécessaire
aussi de relater le principe et les conditions de l'agis-
sement, la formule, les étapes et le résultat de l'action
de M. Mauguin ; il suffit, à cet effet, de prendre dans
le *Moniteur universel* quelques indications qui ont
gardé de l'intérêt.

Les conditions dans lesquelles aboutit l'interpellation, M. Mauguin lui-même les indique comme voici :
« Lorsque pour la première fois, j'ai cherché à introduire dans la Chambre un précédent pris.... dans un
pays voisin, j'ai éprouvé une première difficulté qui fut
grande : ce fut celle d'obtenir la parole. Il est de toute
évidence que je n'avais pu faire mettre à l'ordre du jour
que je demandais à interpeller le ministre ; eh bien !
pour me faire entendre, pour dire que je me proposais
d'interpeller les ministres, il a fallu d'abord obtenir la
parole du président ; cela seul m'a été difficile, et il m'a

fallu lutter. Au milieu de la lutte quelques paroles se sont échappées ; elles sont allées jusqu'au centre, jusqu'à la majorité de 1831. Cette majorité m'a fait obtenir la parole. Elle a jugé elle-même que le droit d'interpellation était parlementaire ; elle a jugé elle-même que l'on m'entendrait ».

Le prétexte de l'interpellation fut une déclaration qu'avait faite le ministre en réponse à une pétition exprimant des vœux pour la réunion de la Belgique à la France, et voici quelle fut sa formule : « Nous savions déjà que la Belgique voulait surtout se réunir à la France ; nous avons vu que le ministère déclarait qu'il ne consentirait jamais à cette réunion. Je viens demander au ministère comment il a pu faire une déclaration pareille ; comment il a pu croire qu'il avait le droit de refuser un accroissement de territoire de lui-même, de son propre pouvoir, sans avoir consulté les Chambres ?.... Je lui demanderai également de s'expliquer sur ses desseins cachés, inconnus, que la France et les puissances étrangères ont sur les Belges et sur leur future destinée.... Je demande au ministère de dire ce qu'il pense sur les affaires de Pologne, de dire s'il abandonne les Polonais, s'il veut les soutenir, s'il y a quelque négociation entamée à ce sujet ; si enfin la France peut concevoir quelque espoir pour ce peuple qu'elle a toujours aimé.... ».

Deux étapes identiques, marquèrent, en novembre 1830 et janvier 1831, les destinées de l'interpellation :

Celle-ci, accueillie en une première séance, fut, pour sa discussion renvoyée à un jour futur, auquel prirent successivement la parole le ministre intéressé, ses collègues du cabinet, des députés, et le président de l'Assemblée lui-même pour déclarer, du fauteuil, que « le droit de faire à jour déterminé des interpellations au ministère venait de s'introduire dans nos habitudes parlementaires ». Quant à l'ultime résultat du débat, il fut, tout simplement, comme il devait l'être en plusieurs autres occasions, la clôture de la discussion par la Chambre qui, consultée à ce sujet après audition de plusieurs discours et répliques se leva presque unanimement.

C'est sans doute, vu les habitudes modernes, une chose curieuse que l'achèvement d'une interpellation sans vote d'ordre du jour ; il ne saurait en être rien déduit contre la nature véritable du moyen inauguré par M. Mauguin. Nous n'oublions point que d'après la pratique courante dont M. Esmein s'est fait l'interprète (3e éd., p. 819), il y a deux éléments en toute interpellation : la question au gouvernement, d'abord, puis et surtout « un ordre du jour motivé exprimant le jugement que porte la Chambre, étant observé que l'ordre du jour pur et simple ne prend en cette matière la valeur d'une approbation ou d'un blâme que parce qu'il est opposé et préféré à tel ou tel ordre du jour motivé ». Mais nous tenons à présenter deux observations, dont la valeur est différente sans doute, mais dont l'une

offre de l'intérêt, et l'autre une certitude : La première,
c'est que l'on ne saurait, dès le principe, demander à
une institution d'avoir ses caractères définis et fixés
absolument ; or, ce n'est que la deuxième République
seulement qui vit l'interpellation achever son développement et, suivant un autre mot de M. Esmein, prendre
« sa physionomie définitive ». La seconde, c'est que
de l'aveu même de M. Esmein, en un autre endroit de
son livre, (p. 823), il est « rare, mais non sans exemple » qu'à la suite ou au terme d'une interpellation
aucun ordre du jour n'ait été demandé et proposé ; or,
l'époque de la Restauration est précisément caractérisée
par une habitude presque constante pour l'Assemblée
de reprendre son ordre du jour sans le dire expressément et sans se livrer à une votation spéciale.

S'il en était autrement, il faudrait admettre, contre
toute vraisemblance, que trois « interpellations » seulement eurent lieu sous le règne de Louis-Philippe : il
n'y eut, en effet, que les trois séances du 22 septembre
1831, du 3 mai 1845 et du 26 janvier 1848, où il fut
discuté respectivement des affaires de Pologne et de
Belgique, de l'existence et de l'application des lois
relatives aux congrégations religieuses non autorisées,
et de démissions moyennant argent de charges de
finances, à se terminer par le vote d'un ordre du jour
motivé ; toutes les autres se terminèrent, au contraire,
soit par l'épuisement de la liste des orateurs, soit par

le vote de l'ordre du jour pur et simple, dont l'adoption ou le rejet (on le peut avancer sans grande témérité) n'avait point la même signification qu'aujourd'hui d'approbation ou d'improbation des actes du ministre en cause. Or, à partir du 28 janvier 1831, les interpellations se multiplièrent cependant ; elles fournirent à des députés, tels que Berryer, Billault, Odilon Barrot, Garnier-Pagès, Mauguin, Montalembert ou Sauzet, l'occasion de faire applaudir leur talent oratoire ; elles les mettaient, du reste, en présence d'adversaires égaux à eux par l'éloquence et la science politique, Casimir Perier, de Broglie, Duchâtel, Dufaure, de Salvandy, de Remusat, Pasquier, Cousin, Molé, Thiers ou Guizot. Leur manière peut et doit donc être tout d'abord recherchée ; ce sera l'occasion de montrer comment à cet égard deux tendances s'opposèrent l'une à l'autre et provoquèrent à l'encontre des minorités et surtout au bénéfice du ministère l'établissement d'une jurisprudence là où n'avait pu être obtenue une disposition du réglement.

*
* *

De disposition spéciale il n'en existait pas et il ne put en être obtenu dans le règlement.

A plusieurs reprises, et dès 1831, le président

appelait l'attention de la Chambre sur la nécessité de
« consacrer à l'avenir une de ses prérogatives par une
disposition réglementaire » propre à concilier tout à la
fois le devoir des députés et celui du président : « Depuis
longtemps, dit-il, tous les amis du gouvernement
constitutionnel ont reconnu à un député le droit de
demander des explications aux ministres, sur des questions qui ne suivent pas les salutaires lenteurs de
l'ordre du jour ; mais ce droit n'est jamais mieux
consacré que par la règle qui l'établit. Un consentement
tacite qui abroge en quelque sorte le règlement, ne
pourrait suffire habituellement à celui qui est chargé de
le faire respecter ; il ne peut pas toujours être maître
de juger quand il y aura avantage ou inconvénient à
interrompre vos délibérations (1) ». Cette demande ne
fut point entendue, non plus que celles qu'il renouvela
au cours de la même année, le 3 mars et le 22 septembre (2), les entremêlant en cette dernière circonstance
de cette plainte : « Depuis trois séances la Chambre
s'occupe d'une question qui n'est pas prévue par le
règlement. C'est par un précédent de la session dernière que de telles discussions ont été seulement introduites, et je le répète, rien dans le règlement ne trace
l'ordre qui doit y être observé ».

(1) *Moniteur Universel*, séance du 27 janvier 1831, p. 183.
(2) *ibid*, p. 460, 1659.

Cependant, par un de ces revirements d'opinion comme il en advient souvent dans les choses humaines, c'est le silence persistant du règlement et non un complément de ses dispositions, qui fut assez promptement désiré. « Je demande seulement le maintien exact et strict du règlement, dit M. de l'Espinasse le 14 mars 1843. Le règlement ne dit pas de quelle manière les interpellations seront adressées aux ministres. Il ne dit pas non plus que les députés n'auront pas le droit d'en adresser (1) ». C'était dénoncer par avance comme susceptible de restreindre le droit toute addition au règlement qui fixerait expressément, positivement, les formes conditionnelles de chaque interpellation aux ministres ; c'était aussi, en d'autres termes et avec une autre argumentation, répéter ce que, dix ans plus tôt presque, le 4 mars 1834, Odilon Barrot avait entendu dire par cet aphorisme que « le droit d'interpellation est né de la nécessité, ... n'est pas un de ces droits qu'on réglemente, ... est tout entier dans les faits et . ... est réglé par des précédents (2) ». Ainsi, jusqu'en juillet 1849, c'est-à-dire jusqu'au règlement que se donna l'Assemblée législative, la crainte d'étouffer le droit nouveau avec des formes trop compliquées ou par la soumission de sa procédure, qui eût été ainsi assi-

---

(1) *Moniteur Universel*, 1843, p. 483.
(2) *ibid.*, 1834, p. 437.

milée à celle des motions, à l'agrément des bureaux
retint l'émission de toute règle ; l'annonce et la discussion des interpellations relevait ainsi strictement d'une
tradition qui s'établit peu à peu.

L'annonce des interpellations, de leur sujet, fut du
reste une condition immédiatement admise et observée
comme naturelle et même indispensable à la solution
du cas soulevé : nulle discussion ne devait être amenée à
l'improviste, afin que tous pussent s'y préparer. « Cette
manière de procéder empruntée à un peuple voisin —
dit M. Mauguin après en avoir fait saillir tous les
avantages sur tous autres et spécialement sur le mode
d'examen des pétitions, — cette manière qui consiste à
déclarer à l'avance aux ministres qu'on les interpellera
sur tel sujet est, je crois, la seule loyale, la seule qui
puisse avancer les affaires. Il s'agirait même d'une affaire intérieure qui regarderait un autre ministre que le
ministre des affaires étrangères que je croirais encore
de mon devoir de prévenir parce qu'il ne faut prendre
personne à l'improviste, et qu'un ministre quand il est
sur son banc n'est pas plus obligé qu'un autre individu
de connaître toutes les affaires d'un grand pays (1) ».

Il en alla tout différemment de l'établissement d'une
coutume sur le deuxième point, quant à la discussion

_____

(1) Séance du 27 janvier 1831. — Dans le même sens, séance
du 16 septembre 1831, *Moniteur Universel*, p. 1600.

même des interpellations proposées. En pareille matière
deux prérogatives ou prétentions, accidentellement
contradictoires, sont en présence : celle du député
auteur de l'interpellation, celle de la Chambre juge de
cette même interpellation, l'un affirmant que son droit
d'interroger un ministre est si absolu que la Chambre
doit l'entendre et n'a d'autre liberté que celle de fixer
pour l'entendre un jour à sa convenance ; celle de la
Chambre, maintenant d'autre part, que le développement des interpellations est en tous points soumis à
son agrément, et que par suite, elle a éventuellement
la faculté de refuser un jour à la discussion, motif pris
du caractère inutile ou dangereux de celle-ci. En 1834,
le problème avait été posé, par le président et par
certains membres : « (Le droit d'interpellation) est il
tellement péremptoire que par cela seul qu'un membre
déclare qu'il interpellera un ministre et que le ministre
déclare y consentir, la Chambre serait obligée d'accepter le rendez-vous et devrait seulement donner
champ aux combattants ? ou, au contraire, est-il de
son devoir comme Chambre, tout en reconnaissant dans
certains cas que ce droit d'interpellation peut s'exercer,
de reconnaître qu'il y a d'autres cas où il serait
contraire à l'intérêt de l'Etat, à l'intérêt de la bonne
discussion des questions politiques, d'admettre sous
forme de hautes conversations politiques, des explica-

tions dans lesquelles elle croirait voir un danger (1) ».
Jusqu'à la fin de la Monarchie de Juillet, l'opposition
contredit à toutes combinaisons ou conditions restrictives du caractère individuel et intangible qu'elle prêtait
au droit d'interpellation ; mais contrariée tout d'abord
dans une première période qui semble englober la série
des interpellations du 4 janvier 1831 au 4 mars 1834,
elle fut complètement vaincue dans la suite.

La Chambre, après quelques hésitations dégagea,
en effet, dans une première jurisprudence, pour le membre désireux d'interpeller, l'obligation de faire approuver par elle l'indication du jour qu'il proposait pour
demander et obtenir des renseignements. Le 17 Février
1831 le président de la Chambre, après avoir laissé un
membre, M. Delessert, sans autorisation de l'Assemblée,
attaquer l'incurie du ministère en présence des troubles
survenus depuis quelques jours dans la ville de Paris,
donna à cette règle une première occasion de s'affirmer : « Le silence que la Chambre a gardé et ses
précédents m'ont, dit-il, empêché de remplir ce devoir
(rappel à la question des orateurs qui s'en écartent). Je
dois maintenant *consulter la Chambre* pour savoir si
elle veut en ce moment interrompre sa discussion, pour

(1) V. séance du 4 Mars 1831 (observations du président et de
M. Cunain-Gridaine), *Monit Universel*, p. 83.

qu'une discussion politique s'engage sur l'interpellation de M. Benjamin Delessert ». La Chambre entendit la sollicitation ; aussi cette mention se retrouve-t-elle dans le *Moniteur Universel*, à l'occasion de chaque interpellation, soit que le président a consulté la Chambre (1), soit que le membre, avant de procéder à l'interpellation a demandé à l'Assemblée la permission, tel jour qu'elle jugerait convenable, d'interroger un ministre ou le ministère sur ses actes (2).

Bref, autorisation de la procédure et acceptation du jour proposé pour son développement, tel est le régime que des précédents accumulés constituaient (3), et au que M. Guizot a donné l'expression que voici dans son *Histoire parlementaire de France*, (t. II, p. 207, sv.) : « J'affirme parce que j'ai relu toutes ces discussions que jamais il n'était entré dans l'esprit de personne que la Chambre fût absolument tenue d'entendre les interpellations qui pourraient être faites..... Dans tous les précédents, le droit de la Chambre *de permettre ou d'empêcher* l'interpellation a été formellement reconnu

---

(1) Séances du 24 et 25 janvier 1834 (interpell. Larabit), *Monit. Universel*, p. 154 et 162 ; 24 février 1834 (interpell. Augustin Girard) *ibid.*, p. 412.

(2) Séances du 16 septembre 1831 (interpell. Mauguin et Laurence), *Monit. Universel*, p. 1601 ; 17 décembre 1831 (interpell. Salverte), *ib.*, 2424.

(3) *Moniteur Universel*, séance du 3 mars 1834, p. 468.

par les orateurs eux-mêmes qui font des interpellations et par l'honorable membre qui a introduit lui-même le droit d'interpellation dans cette enceinte... Il est impossible de croire que les paroles d'un homme tel que l'honorable M. Mauguin n'aient point de sens. A coup sûr, lorsqu'il dit « Si la Chambre n'y met point obstacle », cela veut dire que la Chambre peut y mettre obstacle. La Chambre peut donc y mettre ou n'y pas mettre obstacle, c'est-à-dire que la Chambre peut admettre ou ne pas admettre les interpellations ». Tel est, en effet, le sens de l'évolution : S'il fallait, au lieu d'en indiquer simplement l'esprit, en marquer les étapes nous dirions que l'idée d'autorisation par la Chambre n'a cessé de grandir : Au début il suffisait d'une permission tacite, laquelle résultait du seul fait que l'Assemblée laissait parler le député sans lui retirer la parole ; puis, pour laisser interrompre l'ordre du jour le président s'est avisé de vouloir consulter la Chambre sur ce point ; enfin, d'eux-mêmes, les députés ont sollicité de leurs collègues la permission d'interpeller en soumettant à leur ratification le jour préféré pour la demande de renseignements. En somme, sauf la variété des formes, il a presque toujours fallu soit directement, soit indirectement prendre l'avis de l'Assemblée sur l'opportunité qu'il y avait à demander des explications aux ministres sur tels ou tels de leurs actes.

La tradition ne devait pas se fixer là ; un nouveau progrès dans les prérogatives de l'Assemblée se pro-

duisit, en effet, dans une deuxième période s'étendant
de 1834 à la révolution de 1848 ; c'est lui qu'il reste
maintenant à enregistrer, avec les preuves documen-
taires et les explications utiles à son intelligence

Mais auparavant, nous tenons à marquer deux
aspects ou perfectionnements qui furent inconnus ou
refusés à l'interpellation sous la Monarchie de Juillet :
une distinction formelle des interpellations suivant leur
nature, d'une part, et, d'autre part, l'expression et la
remise au ministre intéressé de questions écrites ; nous
nous contenterons, d'ailleurs, à cet égard, de constater
le double fait et d'en indiquer la date.

La distinction formelle des interpellations suivant
leur nature date, en effet, d'une époque plus récente.
Présentement la demande préalable à une interpellation
est rédigée par écrit et doit être signée par son auteur ;
elle est suivie, non d'une discussion sur le fond, mais
de la fixation d'un jour pour cette discussion après
avoir pris l'avis du ministre visé ; mais elle peut être
reculée à un mois au plus s'il s'agit d'une affaire do
politique intérieure, et arbitrairement en matière de
questions étrangères (1). L'explication classique de
cette faculté est le caractère individuel, qui le fait ressortir intangible du droit d'interpellation ; elle n'avait

---

(1) Art. 40, Règl Ch. Deputés, France (Moreau et Delpech, les
règlements des assemblées législatives, t. II, p. 236).

point autorité indiscutée au temps de Louis-Philippe.
En conséquence, la Chambre des Députés, sous la
Monarchie de Juillet, maintint toujours qu'en toutes
circonstances, sont droit était absolu à l'égard d'interpellations quelconques ; nous avons relevé, en effet
une dizaine d'applications de ce principe, le 13 mars,
le 20 avril et le 16 juin 1837, pour des interpellations
de MM. Isambert, Salverte et Mauguin : le 22 février et
le 4 mars, vis-à-vis de M. Dugabé ; le 13 mars 1843, le
17 mars 1844 et le 1er juin 1847 à la suite de demandes
de MM. de Larochejaquelein, Ledru-Rollin et Crémieux.

L'expression et la remise au ministre intéressé de
questions écrites ne réussit pas non plus : le 14 mars
1835, M. Mauguin voulait demander au chef du cabinet
« 1° Pourquoi le ministère avait été pendant trois semaines en voie de dissolution avouée ? 2° Sur quoi
portaient les dissentiments qui s'étaient élevés entre
les membres du cabinet ?.., sur la polititque extérieure
ou sur l'ensemble du système ? » ; or, il avait remis
ces questions au président en la forme écrite. Cette
innovation fut, en elle-même, combattue par M. Guizot
avec quelque ironie, qualifiée malgré sa gravité et sa
précision apparentes de « forme insolite », et finalement repoussée avec ce motif qu'un député, s'il était
libre de formuler sa demande de renseignements dans
les termes à sa convenance, n'avait point la faculté de
faire intervenir le président de la Chambre dans le
débat et encore moins d'enserrer le ministre dans un

cercle de questions prédéterminées, ce qui n'empêcha
point M. Guizot, ces réserves faites, de fournir les
explications sollicitées de lui (1). — D'ailleurs la tentative de M. Mauguin ne correspondait point exactement
à ce que l'on est convenu de désigner sous le nom de
« questions écrites », telles que les pratique le parle-
mentarisme anglais depuis près de deux siècles et telles
aussi que vient de les introduire, il y a quelques mois,
dans l'art. 48 de son règlement la Chambre des Députés
de France (2). Ces questions écrites, comme on l'a dit,
sont un moyen d'organiser, sans dommage pour l'intérêt
public et sans surcharge pour les divers gouvernants
un contrôle actif et quotidien les Chambres, par voie
de correspondance, sur les ministres ; dès l'instant où
le débat oral est préféré à ce mode silencieux et pratique
pour une raison ou pour une autre, peut-être à raison
de l'importance attachée à l'affaire par l'opinion, la
discussion doit garder, semble-t-il son caractère large
et imprévu. — Cela devait être relevé pour délimiter
avec des traits précis la liberté du jeu caractéristique
de l'interpellation sous la Monarchie de Juillet ; mais
cela ne doit pas laisser présupposer que le droit d'in-

(1) *Moniteur Universel*, séance du 14 mars 1835, p. 218.
(2) V. sur les questions écrites l'article de M Delpech (Le régime nouveau des questions), dans la *Revue de droit public et la
science politique*, n° 3 de 1909.

terrogation à l'encontre des ministres n'affectait pas des tendances restrictives ; il s'en faut de beaucoup.

Un trait l'indique : Au début, dans la première période dont nous parlions tout à l'heure, il fallait que le député indiquât son intention d'interpeller un ministre, et le jour où il se proposait de réaliser ce dessein ; l'acceptation de la Chambre était sollicitée pour l'une et pour l'autre, et cela suffisait. Dès 1834, les choses changèrent, et le pouvoir discrétionnaire de la Chambre augmenta : deux questions distinctes devaient lui être posées, la première au sujet de l'autorisation qu'elle entendait faire de l'interpellation, la deuxième relativement au jour qu'elle voulait elle-même réserver à la discussion. Sans doute, en quelques cas (1), elle se montra moins rigoureuse et la parole fut immédiatement accordée au député par le président sur cette constatation qu'il n'y avait « pas d'opposition » ; il n'empêche, qu'en principe, la dualité des questions à poser à l'Assemblée suivie de réponses affirmatives

----

(1) V. séances du 17 juillet 1844, *Monit. universel*, p. 2246, — et du 14 avril 1846, *ibid.*, p. 940. — De même le 1 juillet 1844 (*ibid.*, p. 1991). On ne saurait discuter en ce cas particulièrement qu'il s'agissait bien d'une interpellation : la discussion soulevée par M. Lherbette se termina par une proposition d'ordre du jour motivé ainsi conçue : « La Chambre regrettant une publication imprudente passe à l'ordre du jour » ; la priorité pour l'ordre du jour pur et simple fut adoptée par l'Assemblée.

nécessaires fut affirmée et maintenue à plusieurs reprises par les présidents, nonobstant les objections de M. Mauguin : « Il est impossible, dit l'un, que le président de la Chambre laisse dire que les précédents ne sont pas exactements rapportés...., c'est ainsi que dans les séances des 15 et 16 juin 1837, la question a été agitée à la tribune par plusieurs orateurs, et la Chambre a décidé, par un vote par assis et levé, qu'il fallait examiner, d'abord, s'il y avait lieu à faire des interpellations, et, ensuite, cette première question étant décidée affirmativement, quel jour il convenait d'indiquer. Non seulement elle l'a décidé dans cette occurence ; mais, dans la même session, elle a appliqué en fait le principe, et elle a refusé plusieurs fois d'indiquer un jour pour les interpellations demandées. Il faut de toute nécessité que le droit de chacun des membres de la Chambre se coordonne avec le droit de la Chambre elle-même, sous peine de voir ce droit compromis et l'anarchie surgir du droit d'interpellation (1) »

Ce fragment exagère peut-être bien la vérité dans sa phrase initiale. Il exprime, en tout cas, dans sa partie médiane, l'état de choses établi pour la période dont nous parlons ; on y ajouterait aisément à titre de preuves des incidents antérieurs et postérieurs à ceux dont

(1) Séance du 4 mars 1840, *Moniteur universel*, p. 420.

il y est fait mention, à la date du 14 janvier 1836, des
2 et 24 février 1841 et du 24 avril 1845 (1). Il dit enfin,
les raisons qui furent invoquées constamment pour
développer les prérogatives de la Chambre à l'égard
de toute demande d'interpellation.

Ces raisons n'étaient peut-être bien après tout que
manifestation de crainte et allégation d'un sophisme :
crainte d'obstruction et de trouble à l'ordre public ;
allégation du rôle et des droits impartis à la majorité ;
on est peu étonné de les trouver exprimées avec art par
un doctrinaire comme M. Guizot, et contredites par des
hommes plus libéraux ou politiques tels que Mauguin,
Odilon-Barrot, Garnier-Pagès, Crémieux ou Ledru-
Rollin.

Il n'y a lieu de retenir qu'elles des tergiversations et
des disputes que, bien des fois, suscita la matière ;
certains propos nous paraissent, en effet, n'avoir que
l'intérêt minime et l'imprécision fatale de beaucoup d'ar-
gumentations littérales ou exégétiques ; tel ce raisonne-
ment qui fut, à l'occasion, développé presque avec
complaisance : lorsque M. Mauguin, disait-on volontiers, lors des premières interpellations du règne,
employait l'expression *permettre* ; c'était pure politique ; n'avait-il pas dit au préalable : « Je préviens la

(1) V. *Monit. universel*, 1836, p. 84 ; 1841, p. 273, 462 ; 1845,
p. 1088.

Chambre de mon intention », et l'Assemblée en ne s'y opposant pas n'avait-elle pas témoigné par là qu'il se trouvait dans son droit ? De même lorsqu'à une séance ultérieure le même orateur parlementaire employait cette autre expression : « Si la Chambre n'y met pas obstacle », il visait évidemment par là le seul obstacle de fait qui eût pu résulter de clameurs et de cris s'élevant de toutes parts et mettant le député dans l'impossibilité matérielle de se faire entendre.

Plus fermes, sinon plus décisives, étaient, nous l'avons dit, les autres raisons qui tendaient à prouver le caractère d'entrave utile réclamé pour la délibération préalable de la Chambre toutes les fois qu'un membre demanderait à déposer et développer une interpellation. L'assimilation, erronée d'après nous, mais volontiers faite en ce temps là de l'interpellation et de l'initiative devait jouer encore ici ; l'argumentation qui en pouvait être déduite se devine sans peine ; elle consistait à dire que le droit d'arriver à la tribune *ex abrupto* n'appartenant pas aux députés pour les propositions de loi, il ne pouvait leur être accordé pour des interpellations, à peine de risquer une interversion de tous les travaux de la Chambre et un retard des discussions les plus utiles, et à moins de faciliter ou même de provoquer une tactique fatale de l'opposition (1). Et ainsi, réapparaît tou-

(1) V. observat. du président. Séance du 13 mars 1846, *Monit. universel*, p. 638.

jours la crainte de trouble à l'ordre public et d'obstruction dont MM. Viennet et Guizot s'étaient fait les interprètes : « Ce sont (les interpellations) dit le premier, M. Viennet, des opinions qui arrivent instantanément, à propos d'un événement qui se passe ou dans la rue, ou si l'on veut aux extrémités du royaume. Ces interpellations peuvent donner lieu à des irritations, elles peuvent soulever les passions, que nous avons tous intérêt à calmer : eh bien ! ces interpellations ne doivent pas être entièrement livrées à la faculté du député qui veut se les permettre. Il me semble donc que la Chambre a un droit, c'est d'examiner s'il n'y a pas un danger quelconque pour l'Etat dans une interpellation qui surgirait tout à coup dans cette enceinte. Or, je le demande, la Chambre n'a-t elle pas le droit d'arrêter une interpellation de cette nature ? (1) ». Et M. Guizot, alors ministre de l'Instruction publique, d'appuyer de toute son autorité, en faveur de la juridiction de la Chambre sur le droit d'interpellation ; de dire que la liberté réclamée pour l'exercice de celui-ci devait rappeler à tous les hommes ayant quelque expérience des assemblées le rétablissement des motions d'ordre

_____

(1) Séance du 5 mars 1834, *Monit. universel*, p. 494. — Rpr. discours de MM. Jaubert et Cunain-Gridaine, séance des 4 et 5 mars 1834, *Monit. universel*, p. 483, 494.

et la ruine de toute discipline dans les délibérations ;
de conclure enfin : « Le droit de parler, de discuter,
quelque sacré qu'il soit dans son principe, quelque
étendu qu'il soit dans son exercice, n'est donc pas illi-
mité ; il est placé, je le répète, sous le contrôle de la
majorité, et elle exerce ce contrôle tous les jours, soit
en refusant la parole, soit en fermant la discussion.
Si vous reconnaissiez le principe contraire, si vous
admettiez un droit individuel qui fût affranchi du
contrôle de la majorité, il lui serait supérieur et le pouvoir de la Chambre disparaîtrait devant celui d'un seul
membre (1) ». — Prérogative et responsabilité de la
majorité, tel est, en réalité, le *leit-motiv* de tous ces
discours : les droits de la minorité méritent à n'en pouvoir douter le plus grand respect ; mais, quand il faut
arriver à un résultat, les premiers droits de la Chambre
sont les droits de la majorité : — il est invraisemblable
que jamais la majorité s'oppose à des interpellations
tendant au redressement d'actes arbitraires où à l'éclair-
cissement des mesures prises par le Ministère — il
est certain en tous cas, parce qu'il n'y a pas en ce
monde de droit soustrait à un contrôle supérieur, que
la majorité elle même est soumise au « contrôle du
pays par l'élection » et les électeurs eux-mêmes soumis

(1) Guizot. *Histoire parlementaire de France*, t. II, p. 202, 209
passim.

au « contrôle de l'opinion universelle du pays, de la raison universelle qui se manifeste tôt ou tard, et finit toujours par prévaloir ».

L'idée est classique, au point qu'elle est l'une des bases du régime représentatif, on dit souvent : une nécessité de la vie parlementaire ; elle n'est point dotée à nos yeux d'une autorité indestructible, et nous aimons à penser qu'à toute heure la minorité pourrait trouver protection contre les volontés bien souvent tyranniques de la majorité.

C'est pourquoi nous trouvons de la force dans les discours d'Odilon-Barrot, Garnier-Pagès ou Ledru-Rollin qui contestaient cette idée et ces postulats, avec des raisons contraires d'utilité pratique et par la discussion des inconvénients prétendus sans remède. Au rôle de la majorité, ils opposaient, en effet, les obligations et les droits des députés de la minorité : obligation individuelle de faire entendre, à l'occasion les plaintes et les griefs de leur circonscription ; droit général dans les circonstances urgentes et graves à trouver dans l'interpellation l'arme utile et unique, libre et exclusive, contre l'autorité étouffante ou la force tyrannique d'une majorité compacte ou passionnée ; or, disaient-ils, si l'interpellation est irrémissiblement abandonnée au consentement de la majorité, elle risque de n'être plus qu'une comédie consistant, de la part de la majorité, à venir dire, entendre et approuver des choses convenues à l'avance avec le Ministre intéressé,

de manière à faciliter à celui-ci sa réplique en certains
cas et dans d'autres à lui éviter la peine d'une initiative
pénible. Aux craintes d'obstruction, ils répondaient
aussi par une allégation spécieuse et un exposé irréfra-
gable du droit disciplinaire de l'Assemblée : l'allégation
fournie était que les entraves formelles apportées à
l'exercice de l'interpellation auraient pour unique résultat de rendre, à l'occasion, la discipline plus irritante et
moins brève, plus désordonnée et moins claire, comme
il advint souvent sous la première Restauration ; l'exposé du droit disciplinaire était emprunté aux règles
multiples sur la police de l'Assemblée : observation,
rappel à la question, rappel à l'ordre, interdiction de la
parole dans certains cas prévus au règlement, et si ces
mesures étaient par hasard insuffisantes : rappel de la
tradition, exigence des convenances, usage des traits
du ridicule, sans compter contre les discussions apparemment dangereuses, le pouvoir pour la majorité de
les clôre et contre les intempestives celui de les ajour-
ner. Ainsi, disaient-ils, les trois droits distincts et également respectables de la minorité, de la majorité et du
Ministère pourraient être assurés par l'exigence unique
du vote sur la seule question de savoir à quel jour la
Chambre entendrait fixer les interpellations. Ils auraient
pu invoquer un précédent, celui de Garnier-Pagès, qui,
pour son interpellation relative à la duchesse de Berry,
n'avait eu qu'à prévenir le Président de son intention
pour obtenir la parole sans que l'Assemblée eût été

préalablement consultée ; ils durent subir la nouvelle
jurisprudence parlementaire requérant comme double
formalité préliminaire à toute interpellation l'autorisation expresse de la Chambre et la fixation par elle
d'un jour pour le débat ; jamais il n'y eut défail-
lance à cet égard ; et cela explique certaines tactiques
qui pourraient, à un examen rapide et non averti causer
quelque surprise : telle, la manière de Ledru-Rollin
disant, à la fin de la séance du 7 avril 1846, pour éviter
un autre précédent : « Sous la réserve des protestations
que j'ai faites et qui ont établi, selon moi, la souverai-
neté, l'imprescriptibilité du droit d'interpellation dans
chacun des membres de l'Assemblée, indépendamment
de toute décision de la majorité, je déclare, *pour ne pas
exposer ce droit aux chances d'une décision défavo-
rable*, qui ne serait en tout cas que le résultat abusif
de la force, je déclare, dis-je, que j'ajourne mes interpellations, sauf à les reproduire bientôt.... ».

**

La technique de l'interpellation était ainsi arrêtée ;
nous croyons en avoir relaté les éléments et les conditions de manière corrélative aux événements, et par
une lecture fidèle des documents parlementaires ; mais

le principe établi, il faut en suivre le fonctionnement
pratique ; ainsi les étapes et les résultantes de la procédure constituent logiquement une autre série d'explications, nous les fournirons au chapitre suivant ;
pour achever celui-ci, il ne nous reste donc qu'à ajouter deux indications qui n'ont guère de relation l'une
avec l'autre, mais dont l'une et l'autre sont le complément nécessaire de la technique et de l'histoire que
nous avons décrite et refaite ci-dessus. L'une se réfère
à la portée des autorisations données par la Chambre ;
l'autre implique une comparaison du droit règlementaire de la Chambre des Pairs avec celui de la Chambre des Députés.

Les autorisations données par la Chambre avaient
d'évidence, un caractère définitif ; en deux circonstances, la manière dont elles devaient sortir effet fit
l'objet d'explications et de solutions exactes : il s'agissait en l'une de fixer le droit acquis au membre autorisé à faire une interpellation, dans l'autre de décider
la possibilité d'une interpellation contre un Cabinet déchu du pouvoir et réduit, durant la formation d'un nouveau Ministère, à l'expédition des affaires courantes —
Il fut tout naturellement admis sur le premier point
que, libre de joindre son interpellation à une autre (1),

(1) V. séance du 16 septembre 1831 : Jonction admise de l'interpellation de M. Laurence sur « l'action du pouvoir au dedans et
sur la conduite des agents à l'extérieur » avec celle de M. Mauguin sur « les relations extérieures de la France ».

ou de renoncer à l'interpellation annoncée par lui (1), un Député était assuré, tant qu'il n'y avait pas expressément renoncé, de la pouvoir soutenir, nul de ses collègues, n'ayant le pouvoir de la faire retrancher de l'ordre du jour (2). — La deuxième question s'éleva, deux fois, au sujet d'interpellations essayées par M. de Sade le 5 mars 1835, et par M. Mauguin le 19 avril 1839, contre le Cabinet démissionnaire. La difficulté vient en pareil cas de la situation vraiment exceptionnelle qui est celle du Ministère déchu, privé dorénavant de confiance parlementaire et réduit au point de vue de sa compétence légale à l'usage des moyens réguliers pour l'expédition des affaires dont le retard eût compromis de trop graves intérêts. La deuxième fois fut confirmé ce qui avait été décidé la première ; M. Girod de l'Ain, garde des sceaux, s'était contenté de reproduire au fond les déclarations plus saisissantes en la forme, qu'avait faites précédemment M. Guizot, ministre de l'instruction publique, en ces termes : « Le Ministère n'a point refusées les explications qui lui ont

(1) V. Monit. universel, 1846, séance du 3 mai, p. 1592 : Renonciation par M. de Courtais sur son interpellation au sujet du massacre en territoire marocain de prisonniers français par Abd-el-Kader.
(2) V. séance du 26 janvier 1835, au sujet d'une interpellation de M. Abraham Dubois.

été demandées ; il a reconnu le droit de la Chambre à les demander, il a annoncé qu'il désirait lui-même les donner, qu'il les donnerait dès qu'un Cabinet serait formé. Mais il est du devoir du Ministère de ne répondre à l'interpellation qui lui serait adressée, qu'on a le droit de lui adresser ; il est, dis-je, de son devoir et de son droit de n'y répondre que lorsqu'il croit que cela ne peut nuire en rien aux intérêts du pays et de la Couronne ».

La comparaison du droit règlementaire de la Chambre des Pairs avec celui de la Chambre des Députés aboutit à constater que la première fut préoccupée de la « nécessité d'user d'un droit dont (jouissait) l'autre Chambre » ; qu'elle agita, elle aussi, l'opportunité des prévisions par le règlement intérieur de l'Assemblée ; et qu'ayant, plusieurs années, laissé cette question en suspens, malgré les instances renouvelées d'un de ses membres, M. le comte de Tascher, elle fit aux interpellations application et même très stricte application, d'une règle de procédure à portée très générale. — Le 19 février 1831, le comte de Tascher (dont le nom se retrouve, en la matière, à la Chambre des Pairs, comme celui de M. Mauguin, à la Chambre des Députés), demandait la parole, pour « une interpellation (qu'il voulait) faire à un Ministre du roi » ; à raison d'« objets ne figurant pas à l'ordre du jour » ; il se la vit refuser par le Président de l'Assemblée, avec le motif pris de l'art. 34 du règlement et du pouvoir du Président d'accorder ou non, discrétionnairement, aux membres l'autorisation de se faire entendre ; il protesta avec véhémence, en invoquant (à faux) une série de précédents où des pairs auraient été admis à « interpeller », mais où en réalité, nous semble-t-il, ils n'avaient parlé que sur des questions et des questions de minime importance. Le vicomte Lainé fit bien observer que ces règles admises dans la Chambre sur l'usage de la parole ne s'opposaient pas à ce que, avec le consentement de l'Assemblée, des discours fussent admis « en de rares et pressantes occasions » sur des sujets non indiqués à l'ordre du jour ; mais le Président fut inflexible, long à développer la « grande utilité » du droit nouveau « exercé souvent avec éclat et puissance dans l'autre Chambre », tenace aussi à réclamer l'addition au règlement d'un article traitant de la forme où il faudrait en user : « Il ne suffit pas, disait-il, que ce droit existe pour l'exercer ; il faut encore que l'exercice en soit réglé. Ainsi, lorsque vous avez été investis du droit de l'initiative, une proposition a été faite pour ajouter au règlement des dispositions qui fixassent l'exercice de cette prérogative importante. Je crois que nous devons procéder de même pour le droit nouveau d'interpellation ». Certains, le baron Mounier et le baron Portal, essayèrent de sauver les choses en affirmant, l'un qu'il s'agissait uniquement d'une « question de forme », l'autre qu'il suffirait de distinguer suivant que les circonstances seraient ou non impérieuses et par suite permettraient l'ajournement ou imposeraient la discussion immédiate de l'interpellation.

Aucune résolution ne fut prise ; mais il ne pouvait guère y avoir de doute sur les tendances de l'Assemblée à imiter la Chambre des Députés et à subordonner le sort de l'interpellation à des conditions préliminaires restrictives. Aussi le comte de Tascher, quelques jours après, renonça à l'idée qu'il avait précédemment soutenue, et suivant laquelle « c'était un acte bien superflu que de faire de ce droit (d'interpellation) l'objet d'une proposition spéciale, alors qu'il ne s'agissait point en l'occurence d'un droit nouveau, mais bien du seul maintien d'un droit incontestable, reconnu et exercé » ; changeant de tactique, influencé par l'expérience faite, il affirma, le 25 février (1), qu'une lacune existait dans le titre III du règlement, relativement à « un droit de la Chambre... naturel et imprescriptible, incontestable comme incontesté..... demeuré compromis et à découvert par le résultat de la discussion ». Alors, il expliqua la modification de ses idées, par une argumentation habile, soutenant que, par l'effet de l'adoption assez récente d'un nouveau titre III relatif aux « propositions faites à la Chambre par un membre » l'expression spéciale de proposition de loi avait été substituée peut être inconsidérément à l'expression

(1) *Monit. universel*, p. 353 et sv.

plus générale de proposition conteuue dans l'article 22,
le premier de l'ancien titre III ; ce qui entraînait ce
fâcheux résultat que ne pouvait être considéré ni comme
une proposition de loi, ni comme un tour d'opinion
(seules initiatives prévues par le règlement de l'Assemblée) la simple demande émanant d'un pair d'attirer
l'attention de la Chambre sur un objet étranger à
l'ordre du jour ; et, comme le Président malgré les circonstances nombreuses où la Chambre n'avait pas fait
difficulté pour accorder la parole à l'auteur de pareille
demande donnait « à la lettre du règlement l'appui de
son impartiale sagesse », M. de Tascher se déclarait
hostile à la forme hybride ou hypocrite d'un débat où
le pair, pour obtenir *certains* renseignements devait
« amener son interpellation d'une manière incidente ;
ses préférences allaient dès lors à un deuxième « moyen
de sortir de l'impasse actuelle :.... une proposition régulière déposée dans les formes ».

C'était là, à vrai dire, une assez regrettable solution
assez peu favorable au progrès recherché de l'interpellation, tout à fait impropre à satisfaire le juste désir
que peut avoir le membre d'une Assemblée d'assumer
« la mission improvisée de servir d'organe à la préoccupation de tous » ; pour en avoir eu conscience peut-
être, la Chambre des Députés n'avait point voulu, nous
l'avons vu, d'une réglementation rigide, et vécut de
coutumes toujours plus souples ; les Pairs eurent un
goût inverse. La proposition du comte de Tascher,

appuyée par son collègue M. de Pontécoulant, fut renvoyée le 28 février (1) à une commission composée de
M. de Tascher, du vicomte Lainé, du comte de Pontécoulant, du duc de Broglie, des comtes Portalis et de
Sesmaisons et du duc Decazes ; sa discussion commença le mercredi 16 mars, avec un exposé (2) très
long, un peu verbeux même de son auteur, contenant
des rapprochements, qui pourraient paraître assez sus-
pects à certains initiés, avec les motions admises aux
Parlements britannique et américain, mais très net sur
le but à atteindre et les moyens à employer pour y
aboutir. « Il ne s'agit point ici, y est-il écrit, d'une

---

(1) *Monit. universel,* p. 425.

(2) *ibid.*, p. 550. — Le préambule de cet exposé est ainsi
conçu : « Confirmer la Chambre des Pairs dans l'exercice des
droits naturels dont, depuis sa création, elle a constamment joui
et toujours sagement usé ; maintenir ces droits au niveau des
conséquences de la Charte constitutionnelle et des intérêts du
pays ; réserver cependant au règlement son autorité salutaire ;
conserver au Président tout son pouvoir pour protéger le règlement contre l'action de mouvements subits et passionnés de la
part des membres de la Chambre : laisser un libre essor aux voix
généreuses, et cependant ne pas exposer l'Assemblée à l'entraî-
nement d'une impulsion irréfléchie : telles étaient, Messieurs, les
données du problème que votre commission avait à résoudre, et
nous pouvons vous dire qu'il présentait peut-être plus de diffi-
cultés qu'au premier aspect ne devait le faire supposer l'incident
fortuit qui a donné lieu à une proposition que son auteur eût
désiré être dispensé de vous faire, s'il eût été possible de s'en
tenir aujourd'hui à l'autorité des précédents ».

question de mots, il s'agit d'un droit à déterminer ; il
s'agit non pas de combattre la défaveur attachée à
une appellation, mais de maintenir et de consacrer sous
quelque nom que ce soit, un droit de la Chambre dans
la forme et la mesure qu'elle jugera à propos d'adopter... — il fallait, d'abord, pour éviter un premier
écueil, que la Chambre connût autrement que par l'exposé plus ou moins véhément d'un orateur, vivement
préoccupé d'une pensée ou d'un intérêt, la nature de
cette pensée ou de cet intérêt ; par conséquent, il fallait
que ce fût par l'organe impassible de son President
qu'elle fût prévenue de la communication qui devait lui
être faite par un de ses membres. Il fallait encore que
la Chambre instruite sommairement de l'objet de la
communication, décidât dans sa sagesse si l'orateur
devait être entendu ou non, dans le premier cas, s'il
devait l'être immédiatement, ou bien dans un délai
déterminé, suivant la nature de la communication ou
son degré d'urgence. Si la Chambre jugeait à propos
d'adopter ce système, l'usage, qui souvent fait plus et
mieux que les règles, aurait bientôt établi ces nuances
qui ne peuvent trouver place dans un règlement sans
ramener une partie des inconvénients qu'on a voulu
éviter ».

Une disposition additionnelle au règlement fut donc
proposée aux fins de reconnaitre, d'une part, que le titre
III, relatif aux propositions emanées des pairs, n'avait
pas prévu tous les cas de demande de la parole ;

d'autre part, que toute demande faite conformément à son droit par un pair de parler sur un objet étranger à l'ordre du jour doit être communiquée à l'avance à la Chambre par son Président ; enfin que la Chambre, libre d'accorder ou de refuser son agrément à l'interpellation, doit, au cas où elle l'accorde, fixer le délai dans lequel le pair sera entendu, eu égard à la nature ou à l'urgence de la communication annoncée et aux intérêts à ménager. M. de Dreux-Brézé discuta l'utilité de ces précautions et de ces formes. L'Assemblée vota un texte qui devint l'art 58 du règlement et aux termes duquel « lorsqu'un pair croira devoir appeler l'attention de la Chambre sur un objet étranger à l'ordre du jour, et ne rentrant pas dans les dispositions prévues par le titre III du règlement, il déposera sur le bureau une demande indiquant le sujet sur lequel il desire obtenir la parole. Cette demande sera lue immédiatement par un des secrétaires, et, si elle est appuyée par deux membres, le Président consultera la Chambre qui décidera, s'il y a lieu, le moment auquel le pair sera entendu ».

Disposition rigoureuse en somme, dont la Chambre n'hésita pas cependant à aggraver la rigueur par une extension de son pouvoir discrétionnaire. Une lecture répétée du texte nous avait amené à cette conviction, d'une part, qu'un pair ne pouvait parler sur l'objet d'une interpellation qu'après que la Chambre avait manifesté sa volonté de l'entendre et fixé le jour de

cette audition et, d'autre part, que la Chambre, dis-
cutant sur l'admission de l'interpellation devait se
borner à la question de savoir à quel moment elle en
entendrait l'auteur ; cette analyse du texte nous paraît
rétrospectivement être encore la meilleure, et nous
l'établirions volontiers si cette démonstration ne risquait
de paraître inutile, et s'il ne fallait lui préférer ce qui
est l'unique objet de cette étude, l'histoire de l'interpellation dans chacune des Chambres de la Monarchie
de Juillet. Une lecture non plus du texte, mais du
Moniteur Universel nous a amené à constater que sur
le deuxième point, la Chambre des Pairs se montra
par deux fois plus stricte peut-être qu'il ne convenait :
Deux incidents survinrent au cours de l'année 1844, à
l'occasion d'interpellations du prince de la Moskowa
sur les affaires de Taïti et des déclarations faites au
Parlement anglais par sir Robert Peel relativement aux
affaires du Maroc (1). Il résulta du premier que la
Chambre, au lieu de limiter sa discussion au point
que nous définissions tout à l'heure, l'étendit à la
question plus concrète et plus ample de savoir ce
qui serait demandé par l'interpellation au ministre
de la marine ; un colloque assez subtil du comte
Portalis, de M. de Boissy et du président est assez

(1) Séances du 11 août et du 4 juillet 1844, *Monit. Universel*
p, 914, 2040 et sv.

significatif à cet égard. Le second aboutit à une
interprétation quelque peu imprévue des mots « s'il y
a lieu » du texte réglementaire ; il mit encore aux
prises M. de Boissy et le Chancelier. Celui-ci pour
justifier la manière de procéder qu'il allait suivre dit
en substance : « Quand une proposition d'interpellation
est déposée sur le bureau de la Chambre, le président
commence d'abord par demander s'il y a des membres
qui l'appuient ; c'est là ce que j'ai demandé à la
Chambre. Plusieurs voix se sont élevées et ont dit que
la demande était appuyée. Alors je poursuis l'application
de l'article du règlement, et j'y trouve ce que j'ai lu et ce
que je vais vous lire : « Et si elle est appuyée par deux
membres, le président consulte la Chambre, qui décide,
s'il y a lieu, le moment auquel le pair sera entendu ». Il
est évident que, si la proposition n'avait pas été appuyée
par deux membres, il n'y aurait eu lieu de consulter la
Chambre sur rien ; elle a été appuyée par plusieurs voix,
ce qui me met dans le cas, pour ne pas sortir des termes du
règlement, de consulter la Chambre pour savoir si elle
pense qu'il y a lieu d'entendre les interpellations de
M. le prince de la Moskawa ». Le sens prêté ainsi par
le fauteuil au règlement en heurtait, vraisemblablement,
et la lettre et l'esprit, car les mots discutés parais-
saient signifier uniquement : si la proposition a été
appuyée, et ne se point prêter du tout à une discussion
préalable ; le résultat en était d'aggraver les restrictions
apportées à l'exercice du droit d'interpellation ; il eût

été particulièrement regrettable, à l'époque où ce droit s'introduisait dans les mœurs parlementaires, si les Pairs en avaient fait, ou pu faire, un usage égal à celui auquel s'accoutuma promptement la Chambre des Députés ; mais cela ne fut point : on va l'apercevoir à certains détails du chapitre suivant, le dernier de ce travail, consacré aux particularités et à l'achèvement des interpellations introduites devant les Chambres et fixées par elles.

CHAPITRE TROISIÈME

Le contrôle politique des Chambres sur le ministère et les ordres du jour de 1830 à 1848.

La double question engagée par ce titre est tout à la fois plus réduite et moins neuve que la matière traitée dans le chapitre précédent, conséquence : nos développements seront plus brefs ; par ailleurs, pour observer fidélité à la méthode que nous avons adoptée dès le début, nous nous bornerons, de la manière la plus substantielle que nous pourrons, à résumer les recherches faites par d'autres avant nous et à ne donner quelque ampleur qu'aux particularités moins explorées et retrouvées par nous dans les comptes-rendus parlementaires. Les développements fournis jusqu'ici ont montré, s'ils ont réalisé notre dessein, comment la responsabilité politique des ministres avait été une règle voulue et appliquée par les Chambres, comment l'interpellation avait été le moyen découvert et utilisé pour assurer à cette règle un jeu libre et harmonieux, comment enfin la règle et le moyen avaient servi à réduire la tradition du gouvernement monarchique subordonnant les ministres au roi et ne les livrant aux Chambres que dans les cas spéciaux et limités de concussion et de trahison. Les explications à donner maintenant doivent achever un tableau exact des débuts du gouvernement parlementaire et des destinées de l'interpellation : pour y réussir elles doivent relater les matières pour lesquelles le ministère pouvait être mis en cause, et les procédés avec lesquels l'opposition manifestée à ses actes sortait ses effets contre lui ; cela amène d'abord à dire, d'une manière générale bien entendu, les questions qui firent l'objet des interpellations, puis à marquer la condition des ministres au cours d'une interpellation, eu égard au rôle actif ou nul qu'ils y pouvaient jouer, et aux ordres du jour qui prorogeaient ou détruisaient leurs pouvoirs de gouvernants.

*
**

A l'époque de la Restauration, la Chambre des Députés n'avait, ainsi que nous l'avons établi, d'autres

moyens d'obtenir des renseignements des ministres,
et d'autres prétextes commodés pour examiner et critiquer la conduite du gouvernement, que l'examen des
pétitions, la discussion de l'adresse et l'octroi des
crédits ; les parlemetaires de l'époque étaient habiles,
d'ailleurs, à greffer là-dessus la prise à partie du
Cabinet. Cependant la chose ne pouvait se produire que
d'une manière incidente, par là-même plus retardée et
moins sûre, quant à son heure et à ses résultats, que
ne le permet une interpellation. Ce fut, nous l'avons
établi aussi, le progrès réalisé par les Chambres de la
Monarchie de Juillet sur l'époque antérieure que l'essai
et la pratique de l'interpellation. Cependant il ne faudrait pas imaginer qu'elles abandonnèrent de tous
points les autres procédés ; une politique habile consiste,
en effet, tout en s'adaptant aux idées et aux mœurs
nouvelles, à ne point sacrifier, d'une heure à l'autre, ce
qui a donné jusque là des effets utiles ; de Bonald et
Joseph de Maistre avaient donné à leurs contemporains de toutes les opinions cette leçon, retenue encore
par la plupart, qu' « un gouvenement est le produit
des habitudes, des traditions de la civilisation, des
croyances d'un peuple (1) ».

L'opposition ne manqua pas, en maintes circonstances, d'y recourir. Les pétitions commencèrent peut-être

---

(1) Cf. Duvergier de Hauranne, *op. cit.*, t II., p. 145.

alors à perdre de leur importance pratique ; c'est chose
naturelle, du moins assez commune, dès que les
Chambres législatives voient leur importance croitre,
leur initiative et leurs prérogatives naître ou augmenter ;
par contre, les autres habitudes furent maintenues et
la volonté de les maintenir fut souvent affirmée La
discussion de l'adresse était devenue, par la logique
inhérente à certaines institutions, une occasion naturelle d'examiner l'ensemble de la situation nationale ;
les présidents du Conseil eux-mêmes incitaient les députés à agir sur ce terrain ; d'où l'entrainement et
l'habitude de beaucoup de ces députés à y traiter les
questions de politique extérieure et intérieure (1). La
discussion des grandes lois était aussi un moyen de
doubler en quelque sorte le droit d'interpellation : tout
le monde savait, et les ministres eux-mêmes ne dis-
simulaient pas, que tel projet de loi était présenté à
l'occasion pour fournir aux Chambres le moyen de se
prononcer sur la marche du gouvernement et pour faire
octroyer au Cabinet la justification ambitionnée (2).
Enfin, la coutume persista et même augmenta de provoquer, annuellement, lors de la discussion du budget,

(1) V. séance de la Ch. des Députés, du 10 août 1831, observat.
de M. Bignon, *Monit. Universel*, p. 1346. — Rpr. séance du 12
janvier 1837, discours de M. Havier, *ibid.*, p. 77.

(2) Rapport de M. Amilhau, séance du 3 janvier 1835, *Monit.
Universel*, page 30.

l'appréciation des collègues, non seulement sur les questions financières qui s'y rattachaient immédiatement, mais encore sur nombre d'actes ministériels ; toute loi de subsides était analysée comme une « loi politique », et il ne fut point jusqu'aux demandes et allocations de douzièmes provisoires, à défaut de budget régulièrement voté, qui ne permît l'émission de votes de confiance (1).

Cependant, dès cette époque, les bons techniciens parlementaires avaient reconnu qu'il y avait danger à ne demander compte de son action au gouvernement qu'au moment où le budget était discuté : il risquait d'être bien tard alors. Il se peut (nous ne le savons pas) qu'au temps de la Monarchie de Juillet, n'existât pas ce qui s'est « vu, à plusieurs reprises, au cours de nos dernières législatures, des députés, que l'on avait renvoyés tout le long de la session à ce rendez-vous traditionnel, se voir fruster de leur droit à la onzième heure, non pas sans doute par un vote exprès, mais par l'impatience mal déguisée de leurs collègues.... de voter le budget..... tout à la fin de l'année .... au pas redoublé..... sous peine de s'exposer aux douzièmes provisoires (2) » ; en tous cas, comme le dit encore le parle-

(1) V. séances des 17 et 18 mars 1831 (Observat. de MM. Blin de Bourdon et Casimir Périer, *ibid.*, p. 562, 566.

(2) Rapport de M. Francis de Pressensé, annexé au procès-verbal de la séance du 23 mai 1907, cité dans l'article ci-dessous mentionné de M. Delpech *(Revue de droit public,* n° 3 de 1909).

mentaire auquel nous avons emprunté les expressions
précédentes, « il serait trop facile à un gouvernement,
moins soucieux de la pleine lumière que de sa liberté
d'action, de rendre presque illusoire cette prérogative » ;
la discussion générale du budget ne vient qu'une fois
par an et le plus souvent il est trop tard pour qu'elle
puisse être autre chose que l'enregistrement du fait
accompli et une série de vaines dissertations rétros-
pectives. C'est pour avoir senti la chose que l'interpellation directe, immédiate, inopinée, fut pratiquée.
Et c'est, nous semble-t-il, la meilleure vue synthétique
qui puisse être donnée de l'histoire de l'interpellation
sous la Monarchie de Juillet que celle-ci : tandis que,
sous la Restauration, la passe délicate de la discussion
du budget franchie, le Cabinet n'avait plus guère d'as-
sauts à redouter jusqu'à l'année suivante (1), certains

---

(1) Il serait certainement contraire aux faits de dire qu'il n'y
avait, sous la Restauration, d'adresses que celles discutées au
début des sessions en réponse au discours du Trône ; M. Barthélemy, *op. cit.*, p. 229 et sv. rappelle qu'il y eût des tentatives
pour faire reconnaître à la Chambre le droit d'adresse au roi
à n'importe quel moment de la session ; mais M. Bonnefon, *op.
cit.*, p. 277, rappelle, à son tour, leur échec et i'explique par ce
motif qu'elles eussent trop rappelé les souvenirs révolutionnaires.
— Rpr. Disc. de M. Cést-Uajac, séance du 3 mai 1820, *archives
parlementaires*, t. XXVII, p. 446 : « Lorsqu'une Assemblée crut
pouvoir déclarer vaguement que les ministres avaient perdu sa
confiance, et imposer au roi de nouveaux ministres, la Révolution
dressa un échafaud sur la place Louis XV ».

députés de l'opposition, dès le début du règne de
Louis-Philippe, entrevirent le moyen de séparer la politique du vote du budget ; à cette fin, ils usèrent de la
faculté d'interpeller, laquelle permettait à celui qui en
faisait usage de se limiter à un grief bien déterminé,
en même temps qu'il lui donnait toute commodité de
critiquer presque sur le champ l'acte jugé mauvais ;
ainsi s'explique à nos yeux, le vif succès et l'usage
répété sous la Monarchie de Juillet des interpellations
fondées, suivant les cas, sur un acte ministériel deter-
miné ou sur la politique entière du Cabinet.

De toute évidence, étant donné que nous faisons ic[i]
œuvre d'histoire constitutionnelle et non d'histoire pure,
et qu'il y importe surtout de dégager pour une institution parlementaire les résultats définitifs plus que les
accidents momentanés de son évolution, nous n'avons
point à rapporter dans le détail chacune des interpellations qui furent ainsi faites ; c'est tout au plus si nous
devons en indiquer la série en un tableau qui aura cette
utilité d'en montrer surtout la variété et les prétextes.

Quelques fois, à la Chambre des Députés seule
(sans doute, parce que seule cette Chambre jouait,
d'après certains de nos maîtres, un rôle en la circonstance), des interpellations eurent pour prétexte la formation des ministères :

11 mars 1835 : Interpellation du comte de Sade visant
les causes de la dissolution du ministère et la situation
qui en résultait. — 14 mars 1835 : Interpellation de

M. Mauguin sur les causes qui avaient maintenu pendant trois semaines le Cabinet en état de désorganisation ainsi que sur les maximes qui avaient présidé à sa réorganisation. — 22 avril 1839 : Interpellation de M. Mauguin ayant trait aux causes de la prolongation de la crise ministérielle, de même qu'à l'inutilité des efforts tentés pour former un cabinet définitif — 14 mai 1847 : Interpellation de M. Odilon-Barrot sur la modification du Cabinet.

Assez souvent les affaires intérieures servirent aux députés de motifs, et dans cet ordre d'idées les interpellations au sujet des mesures prises par le gouvernement contre les troubles ou les émeutes tiennent une place spéciale. Au hasard, parmi les plus importantes, — elles eurent, toutes, pour scène la Chambre des Députés, — nous citerons :

17 Février 1831 : Interpellation de M. Benjamin Delessert, sur les désordres graves qui avaient éclaté dans Paris les 14 et 15 Février à l'occasion du service funèbre célébré le 13 dans l'église de St-Germain-l'Auxerrois pour l'anniversaire de l'assassinat du duc de Berry. — 23 Septembre 1831 : Interpellation de M. Laurence, sur l'état intérieur de la France. — 19-22 Décembre 1831 : Interpellation de M. Salverte, sur l'insurrection survenue à Lyon dans le mois de Novembre précédent. — 10 Juin 1833 : Interpellation de M. Garnier-Pagès, sur l'arrestation de la duchesse de Berry. — 5 Mars 1834 : Interpellation de M. Eusèbe

Salverte, sur les troubles survenus à Paris les 21, 22 et 23 Février précédents — 7 Mars 1840 : Interpellation de M. Dugabé, sur les troubles de Foix. — 6 Mars 1841 : Interpellation de M. Lacrosse, sur le régime disciplinaire dans les colonies. — 26 Mai 1843 : Interpellation de M. Schutzenberger, sur le tarif des canaux. — 17 Juillet 1844 : Interpellation de M. de la Rochejaquelein, sur des cas de violation de liberté individuelle et de domicile. — 23 Mai 1845 : Interpellation de M. Thiers, sur les congrégations religieuses. — 21 Janvier 1848 : Interpellation de M. Odilon-Barrot, sur les démissions de certains emplois des finances, donnés à raison d'une compensation en argent. — 23 Février 1848 : Interpellation sur les troubles qui agitaient Paris. On se souvient que le débat qui s'éleva à ce sujet termina la séance de ce jour et la dernière session de la Monarchie de Juillet.

Les plus nombreuses, — c'est un signe assez original des temps, — furent, dans l'une et l'autre Chambre les interpellations se rapportant aux relations extérieures de la France. Les historiens sont accoutumés de parler longuement de certaines ; après eux ou en dehors d'eux nous ferons une mention spéciale des suivantes :

27 et 28 Janvier 1831, à la Chambre des Députés : Interpellation de M. Mauguin, relative à la politique extérieure du Cabinet, et visant en particulier les affaires de Belgique et de Pologne. — 19-22 Septembre 1831, à la Chambre des Députés : Interpellation de

M. Mauguin, relative à la prise de Varsovie. — 26 Janvier 1835, à la Chambre des Députés : Interpellation de
M. Isambert, relative aux négociations pendantes entre
le Cabinet français et le Cabinet russe pour une créance
antérieure aux événements de 1814. — 1 et 2 Juin
1836, à la Chambre des Députés : Interpellation de
M. de Sade, relative aux affaires extérieures de la
France. — 8 Février 1841, à la Chambre des Pairs :
Interpellation du marquis de Brézé, relative au traité
conclu le 29 Octobre 1840 avec la République Argen-
tine. — 20 Février 1841, à la Chambres des Députés :
Interpellation de M. Mermilliod, sur le même sujet. —
28 Février 1842, à la Chambre des Députés : Interpellation de M. Mauguin, relative à l'exercice du droit de
visite en mer afin d'arriver à l'abolition de la traite des
nègres. — 11 avril 1842, à la Chambre des Pairs :
Interpellation de M. de Boissy, sur l'affaire du Mara-
bout. — 29 Février et 1 Mars 1844, à la Chambre des
Députés : Interpellation de M. de Carné, relative à la
prise de possession de l'île de Taïti, ainsi que sur l'état
des établissements français dans l'Océanie. — 19 avril
1844, à la Chambre des Députés : Interpellation de
M. Billault, sur les affaires de Taïti. — 13 Mars 1846,
à la Chambre des Députés : Interpellation de M. de la
Rochejaquelein, relative aux affaires de Pologne, à propos des troubles de Galicie. — 2 Juillet 1846, à la
Chambre des Pairs : Interpellation du comte de Montalembert, relative à l'anéantissement de la petite répu-

blique de Cracovie et à son incorporation à l'empire
d'Autriche. — 14 Juin 1847, à la Chambre des Députés : Interpellation de M. Crémieux, relative à l'insurrection qui avait éclaté en Portugal contre la reine
Dona Maria.

Les unes et les autres secouaient et détruisaient de
plus en plus les théories des ultras auxquelles, vingt ans
plus tôt, en 1816, Royer-Collard avait donné cette formule : « Le jour où il sera établi en fait que la Chambre
peut repousser les ministres du roi,.... ce jour-là nous
sommes en République » (Arch. parlem., 2e série,
t. LXI, p. 579) ; les Chambres ne voulaient plus s'en
tenir à un pouvoir essentiellement et exclusivement
législatif ; elles prétendaient intervenir et avoir une
véritable mainmise dans le domaine administratif. Fré-
quemment, elles furent comme désarmées lorsque les
ministres visés par l'interpellation la déclinaient ; mais,
plus souvent encore, elles arrivèrent à leurs fins, en
exprimant au moyen d'ordres du jour leur approbation
ou leur refus de confiance au ministère. Par la double
constatation qui précède nous avons exposé les deux
questions que nous avions précédemment annoncées,
sur la condition des ministres et le rôle des Chambres
au cours et à la fin de toute interpellation ; il faut, pour
terminer l'exposé de la matière, leur consacrer maintenant quelques développements.

*
* *

Chateaubriand s'était préoccupé du premier point, lequel est capital, par les intérêts qu'il met aux prises dans tout régime représentatif : car il avait écrit dans la *Monarchie selon la Charte* (*Œuvres*, éd. Furnes 1844, t. XVIII, p. 277) : « Il faut d'abord qu'elle (la Chambre des Députés) sache se faire respecter. Elle ne doit pas souffrir que les ministres établissent en prin_ cipe qu'ils sont indépendants des Chambres, qu'ils peuvent refuser de venir lorsqu'elles désireraient leur présence », et, un peu plus loin, pour corriger ce que cette affirmation avait d'excessif et d'inconciliable avec certaines nécessités pratiques : « Les ministres ne sont pas toujours obligés de donner les explications qu'on leur demande ; ils peuvent les refuser, mais en motivant ce refus sur des raisons d'Etat, dont les Chambres seront instruites quand il en sera temps ».

Au reste, de tout temps, et toutes les fois où il s'est agi dans un Parlement de régler le sort et le mécanisme des interpellations ou des questions, ce sont les mêmes alternatives qui ont été envisagées, les mêmes abus redoutés, les mêmes corrections admises et, sur l'ensemble des uns et des autres les mêmes craintes manifestées. On l'a vu tout récemment en France, à propos

des questions écrites : parlant au nom de la Commission du règlement, M. le député Marin disait : « A coup
sûr, la Commission, qui se trouvait devant deux abus
toujours possibles, le silence du ministre, l'indiscrétion
du questionneur, ne pouvait, à cause des cas où le droit
à refus de répondre pour un ministre s'impose à cause
des *intérêts certains du pays*, ne pas inscrire dans son
texte l'exception absolument nécessaire à tout droit de
réponse au nom de l'intérêt public. Elle a pensé corriger, autant qu'elle le pouvait, l'abus de refus mal fondé
par la *nécessité d'une affirmation expresse* que l'avenir peut démentir et à laquelle la conscience de ceux
qui, au nom d'une grande nation, parlent à ses représentants, prêtera toujours une importance morale », et
M. le professeur Delpech, jugeant ces corrections, faisait sur leur efficacité des réserves et ajoutait : « Pour
livrer toute ma pensée, ces réserves se compliquent de
cette crainte que trop souvent ou par hasard, les parlementaires ne soient amenés à être dupes de la tromperie
des formules gouvernementales, sinon de ce qu'un écri-
vain de talent, qui a fait aussi partie de la Chambre a
appelé « la sportule électorale de tout le personnel poli-
ticien » ; duperie également funeste à une époque,
comme le temps présent, où tous les règnes sont discutés, et les esprits décidés ou portés à obtenir justice de
n'importe qui et par n'importe quels moyens ». Au
temps de Louis-Philippe, les idées et les tendances
n'étaient point arrivées à ce degré de méfiance et

d'âpreté, et il est fort possible que les esprits eussent,
plus qu'ils ne l'ont fait depuis, gardé cette idée du roi
et des gouvernants qui serait, d'après Charles Maurras,
l'idée des « langues classiques », et qui consisterait à
« entendre par *rex* un directeur, ou par βασιλευς celui
qui marche en avant des peuples, qui éclaire une route
et qui ainsi dirige ».

Toujours est-il qu'assez souvent, la Chambre des
Députés se heurta à ce dire des ministres qu'en refusant
des explications demandées par une interpellation, ils
acquittaient un « devoir impérieux » ou exerçaient leur
« prérogative constitutionnelle » ; M. Guizot ne fut
certes pas le seul à répondre « que c'est, — personne
ne l'ignore, — le droit du gouvernement de juger de la
convenance qu'il y a pour lui-même, dans l'intérêt du
pays de répondre ou de ne pas répondre aux interpellations qui lui sont adressées par l'un des membres des
Chambres (1) » ; cependant les Chambres durent se
contenter de cette raison, et elles y étaient bien obli-
gées, à moins que de refuser le budget ou bien encore
d'insérer des expressions de blâme ou de manifester
implicitement leur défiance dans l'adresse en réponse
au discours du Trône.

En fait, ce refus de réponse par le cabinet tout entier
ou un ministre déterminé ne s'accompagnait d'aucune

(1) Séance du 28 février 1842, *Monit. universel*, p. 368.

justification (1), tout au moins d'aucune justification immédiate : l'interpellé s'engageait en effet, expressément ou de manière indirecte, à fournir plus tard des explications ; ainsi fit M. Guizot, le 1er juin 1847, envers M. Crémieux qui désirait des éclaircissements sur les affaires de Portugal (2). D'autres fois, il se colorait de raisons générales tirées du défaut de renseignements sur les instructions ouvertes (3) ou de l'état actuel de la question et de l'intérêt de la politique nationale ; et des insistances très vives, comme furent celles de Berryer et de M. Léon de Malleville, le 13 juin 1846, à propos des affaires du Liban (4), ne pouvaient avoir raison de l'inflexibilité du ministre à refuser la réponse aux interpellations (5).

Certaines matières et certaines circonstances avaient, d'ailleurs, cette fortune de légitimer le silence des ministres et la demande d'un sursis à la dation des éclaircissements. Ces matières étaient particulièrement les affaires diplomatiques et les questions de police. Tranchant l'existence et les termes des instructions aux

(1) V. séance du 28 février 1842, *Monit. universel*, p. 368.
(2) *Monit. universel*, p. 1399. — Rpr. *ibid.*, 1843, p. 147.
(3) V. *Monit. universel*, 1840, p. 214, 360.
(4) *Ibid.*, 1846, p. 1778.
(5) Chose assez singulière, et dont il nous paraît assez difficile de donner avec sûreté une autre raison que celle de la mode, on disait indifféremment, au temps de Louis-Philippe, interpellations au pluriel, ou interpellation au singulier.

7

agents tout comme pour l'état des négociations entamées avec une puissance étrangère, le ministre avait prononcé à la Chambre des Pairs, en 1844, cette phrase, qui résume nous a-t-il semblé, toute la jurisprudence de son département : « Les questions de politique extérieure ont des phases diverses, et elles ne peuvent pas à toutes ces phases entrer dans cette Chambre.... Un moment arrive où ces questions peuvent être débattues avec utilité pour le gouvernement et le pays. Tant que ce moment n'est pas arrivé, elles ne doivent pas l'être. Il y a un moment où la discussion porte la lumière dans ces questions et il y en a d'autres où elle mettrait le feu (1) ». De même, on voit souvent les renseignements sur l'organisation ou le fonctionnement de la police refusés avec des prétextes variés, soit parce que, « s'il était jamais admis qu'une interpellation peut amener un ministère à s'expliquer à la tribune, sur des matières essentiellement secrètes, de ce jour il n'y aurait personne qui, pour aucun prix voulût servir cette police (2) », soit parce que, « du moment que l'on avait parlé d'hommes arrêtés et mis par raison en liberté, du commerce qui n'avait pas été protégé, ainsi que de la violation du domicile d'un député sans que l'on y fît obstacle, il était

---

(1) Observat. et réponse de M. Guizot, *Monit. universel,* 1843, p. 147. — 1847, p. 1399. — 1848, p. 497.
(2) Séance du 17 février 1831, Ch. des Députés, *Monit. universel,* p. 334.

de toute nécessité de laisser au ministre le temps de
recueillir tous les documents utiles pour les mettre sous
les yeux de l'Assemblée (1) ». Ainsi le sursis à l'interpellation était souvent et fut toujours une ressource pour
le gouvernement qui, pour toutes les questions de finance
ou de politique intérieure générale, affirma le double
droit absolu du « gouvernement, lorsqu'on lui adressait
une interpellation..... d'abord.... d'examiner, s'il y avait
lieu de répondre aux interpellations et ensuite de récla_
mer les délais nécessaires pour se mettre en mesure de
répondre (2) ». Bien mieux, les ministres avaient pris
l'habitude de demander sursis les uns pour les autres,
lorsque l'un d'eux notamment se trouvait, au moment
de l'interpellation, retenu dans l'autre Chambre par la
discussion d'un projet de loi quelconque (3).

En somme, les devoirs et les priviléges du « secret
d'Etat » servaient déjà, sous couleur de le respecter, à
détourner les députés des questions indiscrètes et à
éviter aux ministres, à l'occasion, des responsabilités
trop délicates. La Monarchie de Juillet fondait ainsi une
tradition qui s'est depuis lors maintenue, le Parlement

---

(1) Séance du 12 janvier 1837, Ch. des Députés, *Monit. univ.*
p. 81.

(2) Réponse de M. de Laplagne, Ch. des Députés, séance du
24 février 1845, p. 425.

(3) V. Ch. des Députés, séance du 3 mars 1834, *Monit. universel,* p. 468.

étant toujours parfois trop prêt à « comprendre à demi-
mot et à ratifier le *non possumus* ministériel ». Elle en
fonda une autre aussi, touchant les ordres du jour, ces
manifestations par lesquelles se closent d'ordinaire, en
France, les interpellations. Ordre du jour pur et simple
ou motivé, suivant que la Chambre populaire (ou, pour
ceux qui lui reconnaissant la prérogative de faire fonc-
tionner la responsabilité ministérielle, la Chambre
haute) tient que la discussion n'a plus de raison de
continuer ou, au contraire, qu'elle ne doit pas passer à
l'examen des autres objets inscrits à l'ordre des travaux
de l'Assemblée avant d'avoir exprimé une opinion pré-
cise et des considérants spéciaux sur la matière de l'interpellation et à l'usage du gouvernement.

Il faut, tout d'abord, mettre en quelque sorte hors de
cause la Chambre des Pairs : Jamais interpellation n'y
fut sanctionnée par un vote, soit de confiance, soit de
blâme. Les choses s'étaient ainsi aggravées, au détri-
ment des pairs, depuis la Restauration : alors on pouvait dire, à juger des choses par le dehors, que prati-
quement, la responsabilité politique des Ministres
n'était pas plus mise en jeu dans une Chambre que
dans une autre, et à l'opinion de Chateaubriand que,
seule, la Chambre des Députés pouvait renverser les
Ministres, on pouvait opposer le dire de Mahul, dans
son *Tableau de la constitution politique de la Monarchie selon la Charte* (1830, p. 406) : « Le rôle spécial
des pairs est celui de gardiens de la Constitution, mé-

diateurs entre le trône et le peuple ; leur droit est léga-
lement et littéralement le même que celui des Députés ;
mais la puissance de fait le réduit sans violence et sans
usurpation aux justes proportions qu'il ne convient pas
de dépasser ». Par malheur, sous la Monarchie de
juillet, ces justes proportions semblaient, en la circonstance, réduites presque au néant, au point de justifier
cette mélancolique réflexion du comte de Sesmaisons,
dès la séance du 25 février 1831 : « comme après ces
discussions il n'y a pas de délibération, on reste en
quelque sorte dans le vague. On a entendu beaucoup
de discours, continuait-il, et cependant l'opinion de la
Chambre reste inconnue. Ainsi, on ne saurait dire,
sans courir risque d'être contredit, si la majorité a ap-
prouvé l'auteur de l'interpellation, ou si elle est de l'avis
du Ministre qni a répondu... (1) ». En fait les débats
d'une interpellation se terminaient, presque toujours, à
la Chambre des Pairs, par un simple vote décidant formellement la reprise de l'ordre du jour, ou même par la
reprise de cet ordre du jour, d'un accord unanime
implicite (2).

Il en fut d'ordinaire tout autrement à la Chambre des
Députés. Sans doute celui qui suit le *Moniteur Uni-*

(1) *Monit. universel*, p. 491.
(2) V. séances du 17 mai 1842 ; du 10 juillet 1844, et du 8 février 1841.

versel, pour y retrouver des précédents ou les traces
d'une évolution, y voit en quelques circonstances la fin
d'une interpellation marquée seulement d'un mouvement général d'assentiment ou bien encore de déclarations du Président comme celle-ci : « Les interpellations
et les réponses ont été entendues, la Chambre passe
au second article de son ordre du jour (1) ». Il doit
aussi convenir que, tout au début du nouveau régime
surtout, il y eût des explications qui ne furent closes
par aucun ordre du jour ; et c'est même chose curieuse
que le 25 janvier 1834, le Président de la Chambre et
des parlementaires instruits des débats, de leur sens
et de leur portée, comme l'était Garnier-Pagès, s'opposaient des affirmations contraires sur le point de savoir
si, oui ou non, « la dernière explication sur l'arrestation de la duchesse de Berry (avait) été fermée par un
ordre du jour (2) ». Cependant, il y découvre vite ce fait
que la Chambre, après avoir entendu à différentes reprises dans les premières sessions des interpellations
qui n'aboutissaient à rien, en vint à exprimer sa volonté
qu'elles finissent toujours par un vote, pour faire connaître sa volonté sur la discussion qui avait eu lieu ; aussi
l'ordre du jour sur les interpellations fut-il, depuis 1835,

---

(1) V. séances des 18 juin 1833, 26 mai 1843 et 14 avril 1846.
(2) *Monit. universel*, p. 166.

régulièrement demandé et mis aux voix (1) ; le Président prononçait une phrase dans le genre de celle-ci : « On a demandé que la Chambre passât à l'ordre du jour en ce qui touche....,., et que la discussion relative aux autres points soit (reprise (ou) renvoyée à demain), je vais mettre cette proposition aux voix ». Un certain nombre de partis ou de membres de l'Assemblée manifestaient leur adhésion en se levant en masse, tandis que le reste de la Chambre s'abstenait de voter.

Voilà bien l'ordre du jour pur et simple tel qu'il s'est perpétué, sauf une différence très notable avec celui de l'époque actuelle : il n'était jamais soutenu ou combattu par le Ministre contre lequel avait été dirigée l'inter- pellation ; par conséquent il n'avait d'autre signification qu'une déclaration de clôture du débat engagé sur cette interpellation, abstraction faite de tout jugement pour ou contre le Cabinet. Cette portée était réservée aux ordres du jour motivés, dont M. Esmein a ainsi parlé : « il semble même que les premiers ordres du jour mo- tivés par lesquels la Chambre ait statué sur une inter- pellation. ont été demandés par le Ministère lui-même, qui voulait que la majorité exprimât nettement sa con- fiance en lui, alors que celle-ci préférait se tenir sur la

---

(1) V. séances du 25 janvier 1834, 26 janvier 1835, 7 mars 1840, 15 février 1841, 6 mars 1841, 1 juillet 1844. — V. aussi séances du 12 mars 1846, 14 mai et 14 juin 1847.

réserve. C'est ce que nous voyons faire à Casimir Périer, le 21 décembre 1831. De même, les 5 et 6 décembre 1834, le Ministère nouveau interpelle en quelque
sorte lui-même la Chambre et lui arrache un ordre du
jour de confiance (1) ». La notation est exacte ; nous la
croyons incomplète, encore qu'elle ait l'air de vouloir
être énumérative : nous connaissons en effet, pour la
même époque, d'autres ordres du jour motivés spéciaux ; les uns, en vérité, n'aboutirent pas, faute d'avoir
été pris en considération ; mais trois demeurent et
méritent d'autant plus d'être ajoutés à l'indication fournie par M. Esmein que l'un d'eux offre quelque curio-
sité au point de vue de la procédure, et que le premier
est tout à la fois le premier en date et le premier pour
l'importance des discussions de forme agitées.

Ceux de la première catégorie, qui n'aboutirent pas,
ne valent guère d'être cités ; leur date seule est inté-
ressante, parce qu'elle se rapporte à la dernière période
de la Monarchie de juillet et montre par là-même comment le procédé de l'interpellation et de l'ordre du jour
motivé marquait une tendance à se généraliser. Ce
furent : 1° celui proposé par M. Ducos le 29 février
1844 ainsi rédigé : « La Chambre, sans approuver la
conduite du Cabinet, passe à l'ordre du jour ». 2° Celui

<hr>

(1) *Eléments de dr. constit. fr. et comparé*, 3° éd., 1903, p.
822 notes 2 et 3.

mis en avant par M. Lherbette, le 1er juillet 1844, dont
voici la teneur : « La Chambre regrettant une publication imprudente, passe à l'ordre du jour », et qui fut
remplacé par l'ordre du jour pur et simple pour lequel
la priorité avait été demandée. 3° Celui de M. Garnier-
Pagès, le 24 février 1845, qui disait : « La Chambre,
confiante dans la protection que le Gouvernement doit
assurer aux intérêts publics et aux intérêts privés me-
nacés par l'émission d'un nouveau fonds espagnol,
passe à l'ordre du jour ».

Des trois autres, le plus souvent rappelé en politique,
mais le moindre peut-être au point de vue de l'histoire
constitutionnelle, est celui qui clôtura par une affirmation de « la Chambre se reposant sur le Gouvernement
du soin de faire exécuter les lois de l'Etat » la fameuse
interpellation de M. Thiers fondée sur « l'exécution des
lois de l'Etat à l'égard des congrégations religieuses »
et dirigée en réalité contre la seule Société de Jésus (1).

Plus curieux au point de vue de la procédure, le
second n'est guère plus important quant aux résultats
qu'il engendra, car il n'aboutit pas, comme les débats
auraient pu le faire prévoir tout d'abord, à une mise en
jeu caractérisée de la responsabilité ministérielle, et il
n'est pas non plus un ordre du jour motivé bien caractérisé. M. Odilon-Barrot avait interpellé, le 21 janvier

(1) *Monit. universel*, p. 1188.

1848, sur les conditions de vente et d'achat de diverses
charges de finances ; deux textes avaient été proposés,
l'un par M. Lherbette disant que la Chambre passait à
l'ordre du jour « sans approuver les explications données par M. le Président du Conseil, et en réservant
les droits qui résultent de la responsabilité ministérielle », l'autre par M. Darblay, déclarant « la Chambre affligée et mécontente ». C'était bien le vote de
blâme qui était réclamé et eût fait, dans la pratique
constitutionnelle, une utile apparition ; pour y aider,
M. Odilon-Barrot en soutint le principe, et M. Lherbette déclara réunir sa proposition à celle de M. Darblay ; pour y faire obstacle, M. Guizot, Président du
Conseil, fit une vigoureuse défense et cette attitude
doit être signalée, parce qu'elle contraste avec ce que
nous avons dit précédemment à propos des conditions
du vote d'ordres du jour purs et simples, et parce qu'elle
constitue ainsi la particularité à retenir. Mais la Chambre n'adopta pas cet ordre du jour ; elle réserva une
majorité à un autre ordre du jour, que M. de Peyra-
mont avait opposé à ceux de MM. Lherbette et Darblay, et qui disait : « La Chambre se confiant dans la
volonté exprimée par le Gouvernement et dans l'efficacité des mesures qui doivent prévenir le retour d'un
ancien et regrettable abus, passe à l'ordre du jour (1) ».

_____

(1) *Monit. universel*, p. 151-153.

Ce n'était, ni un ordre du jour de blâme net, ni un ordre du jour de confiance exprès, à peine une appro- bation mitigée ; nous croyons en avoir tout à l'heure suffisamment réduit la signification et la nouveauté constitutionnelles ; mais même réduites, l'une et l'au- tre demeurent, et c'est pourquoi nous avons cru devoir les signaler, au lieu de passer l'incident sous silence comme l'a fait M. Esmein à dessein ou non.

De même, et cette fois sans aucune hésitation, nous désirons, en terminant, nous arrêter sur l'ordre du jour par lequel s'acheva une discussion qui avait duré du 19 au 23 septembre 1831 (1) : C'est le vrai « précé- dent » à relever, le premier ordre du jour motivé qui nous soit apparu dans les recueils parlementaires, celui dont la Chambre, très consciemment a voulu l'émission, inconnue jusqu'à cette heure. C'était donc en 1831, le bruit de la prise de Varsovie avait com- mencé à circuler, et des troubles graves s'étaient pro- duits dans Paris durant quatre jours ; M. Mauguin interpella ; des discussions s'engagèrent, extrêmement longues et chargées, où les Députés en vinrent à parler de tout, des affaires intérieures et des affaires extérieu- res de la France, des résultats amenés par la Révolu- tion de juillet comme aussi de la politique des divers Cabinets qui avaient dirigé le pays depuis 1830 ;

(1) *Monit. univ.*, p. 1655-1662.

M. Ganneron, dès le début de la séance du 22 septembre, essaya de prouver la nécessité de sortir
par un ordre du jour motivé de la situation compliquée
où l'on se trouvait : « Je comprends, dit-il, que la proposition que j'ai l'honneur de vous faire peut rencon-
trer une opposition sur la forme : je sais qu'il est contraire aux antécédents, aux habitudes de la Chambre
de motiver ses ordres du jour. Mais notre règlement
n'a pas prévu les interpellations diplomatiques.... 'nous
devons pouvoir sortir de ces discussions extraordinaires par des moyens extraordinaires aussi. En fait une
accusation grave a été faite ; des attaques violentes, il
faut le dire, ont été dirigées contre le Ministère ; l'attaque a été publique, le jugement de la Chambre doit
être également public comme l'attaque et la défense.
J'ai l'honneur en conséquence de proposer à la Chambre
de décider que, satisfaite des explications données par
les Ministres.... elle passe à l'ordre du jour.... ». Il importe assez peu de relever ici l'erreur certaine com-
mise par l'affirmation d'une disposition réglementaire
spéciale aux interpellations diplomatiques, alors que le
règlement ne prévoyait aucune interpellation d'aucune
sorte ; la vérité fut rétablie à cet égard par M. de
Tracy et le Président. Cependant, comme il fallait sortir d'un débat qui traînait en longueur et d'une question
que l'adresse avait réservée entière et non sans raison,
le Président, « malgré que l'usage ne (fût) pas de motiver l'ordre du jour..... (crut) pouvoir, dans la position

où se trouvait la question, admettre le développement
de la proposition d'ordre du jour et.... consulter sur ce
point la Chambre si elle en manifestait le désir ».

Là-dessus commença une discussion plus longue
encore que la précédente ; deux propositions d'ordre du
jour s'inscrivirent, l'un, pur et simple, de M. Odilon-
Barrot ; l'autre, motivé, de M. Ganneron. Celui-ci, tel
qu'il fut amendé par M. Guizot portait déclaration de
« la Chambre satisfaite des explications données par
MM. les Ministres sur les affaires extérieures et se
confiant dans leur sollicitude pour la dignité de la
France » ; c'était manifestement « le plus large » ; la
Chambre lui accorda la priorité, et le vota à une majorité de 221 voix contre 136. Dorénavant il n'était plus
possible de parler d'anomalie, pour empêcher la proposition de pareils ordres du jour ; les ordres du jour motivés avaient pris date et rang dans le droit constitutionnel français presque en même temps où le droit d'interpellation y avait acquis ses lettres de grande natu-
ralisation.

*
* *

Il est juste de reconnaître, comme nous l'avons déjà
fait, que sous la Monarchie de juillet, la plupart des

interpellations se terminaient sans que l'Assemblée fût
appelée à marquer expressément sa confiance ou sa
désapprobation au Ministre ou au Cabinet attaqué par
l'interpellation ; le vœu exprimé par M. Guizot « que
toute interpellation aboutit nécessairement à un vote, à
une résolution de la Chambre » ne sortit point encore
son plein et entier effet ; mais c'était bien le cas de répéter qu'il suffit, dans la nature et dans la vie, que le
grain soit jeté dans le sillon pour qu'avec plus ou
moins de rapidité et de succès, la moisson lève. L'interpellation est entrée dans les mœurs, presque jusqu'à
l'abus ; et le nombre des circonstances où des ordres
du jour motivés ont été proposés ou adoptés est grand,
presque au point de ne pouvoir être qu'assez malaisé-
ment déterminé. Des excès ont été commis, en effet,
multiples et regrettables, quant à ce droit qui se ratta-
che au régime parlementaire comme l'une des plus évi-
dentes et fatales conséquences d'un principe délibéré-
ment admis par les constituants ou imposé par l'évolution politique. Ce n'est point la déformation présente du
système que nous avons à étudier ici ; c'était son principe et c'étaient aussi les moyens de sa réalisation pratique, c'est-à-dire la proclamation de la responsabilité
politique ministérielle, l'introduction dans le mécanisme parlementaire de l'interpellation et la consécra-
tion dans les mœurs des ordres du jour. Le principe
est, au point de vue de l'action politique, d'une portée
que mesurent fort bien les paroles récentes que voici :

« Aux temps où l'on se plaint souvent, à juste titre, de l'absence des responsabilités, il établit nettement toutes celles qui sont engagées dans l'action politique ; aux époques où l'on réclame le grand jour sur les projets et les actes du pouvoir, il est la condition de la clarté de toute administration publique ; aux moments où l'on s'afflige du vague des doctrines et de l'équivoque des déclarations, il impose une précision plus grande aux gouvernants dans leurs paroles et leurs actes ; aux périodes d'incertitude, il les oblige à prendre conscience et à faire prendre conscience par tous de l'orientation générale vers laquelle est dirigée la vie du pays (1) ». C'est bien là, en effet, la théorie littéraire du régime dont nous avons essayé de retracer les premières étapes. Les moyens, dont nous avons aussi tenté de marquer l'avènement et le progrès, ont-ils été depuis lors employés avec une méthode et un discernement propres à faire toujours dominer le contrôle, sourdre les responsabilités et jaillir la lumière ? Le principe et les moyens se combinèrent-ils de manière à produire le plus communément des réalités vivantes et fécondes,

---

(1) V. Félix Moreau, *Pour le régime parlementaire*, (Paris, Fontemoing, 1901) : — Préface de M. Maurice Deslandres au livre de Diellinson, et le compte-rendu par Joseph Delpech (Rev. du dr. public, 1908) du livre de Dickinson, *Le développement du Parlement anglais au XIX*e *siècle* (Paris, biblioth. internat. de droit public Boucard et Jèze, Paris, Giard et Brière, 1906).

ou bien simplement et en des occasions trop répétées, des œuvres artificielles et mensongères ? La réponse doit être demandée à ceux qui ont écrit « *Pour le régime parlementaire* » ou qualifié « *Le développement du Parlement au XIXᵉ siècle* ».

Nous n'avons, personnellement, entrepris qu'une recherche très localisée dans le temps, limitée à la Monarchie de juillet et aux dix-huit années où la Chambre des Députés prétendit, et réussit pour partie, à se faire « la grande enquête perpétuelle » du pays.

Vu, *Le Professeur, Président de la Thèse.*
Aix, le 14 Octobre 1909
. FÉLIX MOREAU

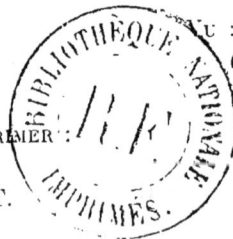

Vu : *Le Doyen,*
G. BRY.

Vu et permis d'imprimer :
Le Recteur,
J. PAYOT.

OUVRAGES ET COLLECTIONS A CONSULTER

— -- —.

Archives parlementaires. — 1830-1838.

DE BARANTE. — *Souvenirs 1782-1866*, 2ᵉ éd., 8 vol., in-8º, Paris 1890-1901.

BARTHÉLEMY (J). — *L'introduction du régime parlementaire en France sous Louis XVIII et Charles X.* — Paris, Girard et Brière, 1904.

BONNEFON. — *Le régime parlementaire sous la Restauration.* — Paris, Girard et Brière, 1905.

BENJAMIN-CONSTANT. — *Cours de politique constitutionnelle.* 2 vol., 2ᵉ éd., Paris, Guillaumin, 1872.

CHATEAUBRIAND. — Œuvres, édit. Furne. Paris 1841.

DUGUIT. — *Manuel de droit constitutionnel.* — Paris, Fontemsing, 1907.

DUVERGIER DE HAURANNE. — *Histoire du gouvernement parlementaire en France, 1814-1848.* — 19 vol., 2ᵉ éd., Paris 1867.

ESMEIN. — *Eléments de droit constitutionnel et composé français et comparé,* 3ᵉ éd. Paris, Larose 1903.

GUIZOT. — *Mémoires pour servir à l'histoire de mon temps*. — 8 vol,, Paris. Michel Lévy.

GUIZOT.— *Histoire parlementaire de France,*—5 vol., Paris, Michel Levy, 1863.

DE HAUSSOUVILLE (Comte Oth). — *Histoire de la politique extérieure du gouvernement français, 1830-1848*. — 2 vol., Paris, 1850.
Moniteur universel, 1830-1848.

PIERRE (Eugène). — *Traité de droit politique électoral et parlementaire*. — 2ᵉ éd. Paris 1902.

ROSSI. — *Cours de droit constitutionnel professé à la Faculté de droit de Paris* 4 vol.

THUREAU-DANGIN (Paul). — *Histoire de la monarchie de juillet*. — 7 vol.. Paris 1884-1892.

DE VILLÈLE. — *Mémoire et correspondance*. — 5 vol. Paris. Libr. académ. Didier, 1888 1890.

WEILL (Georges). — *La France sous la monarchie constitutionnelle*. 1814-1848. Paris. Soc. fr. d'éd. 1902.

TABLE DES MATIÈRES

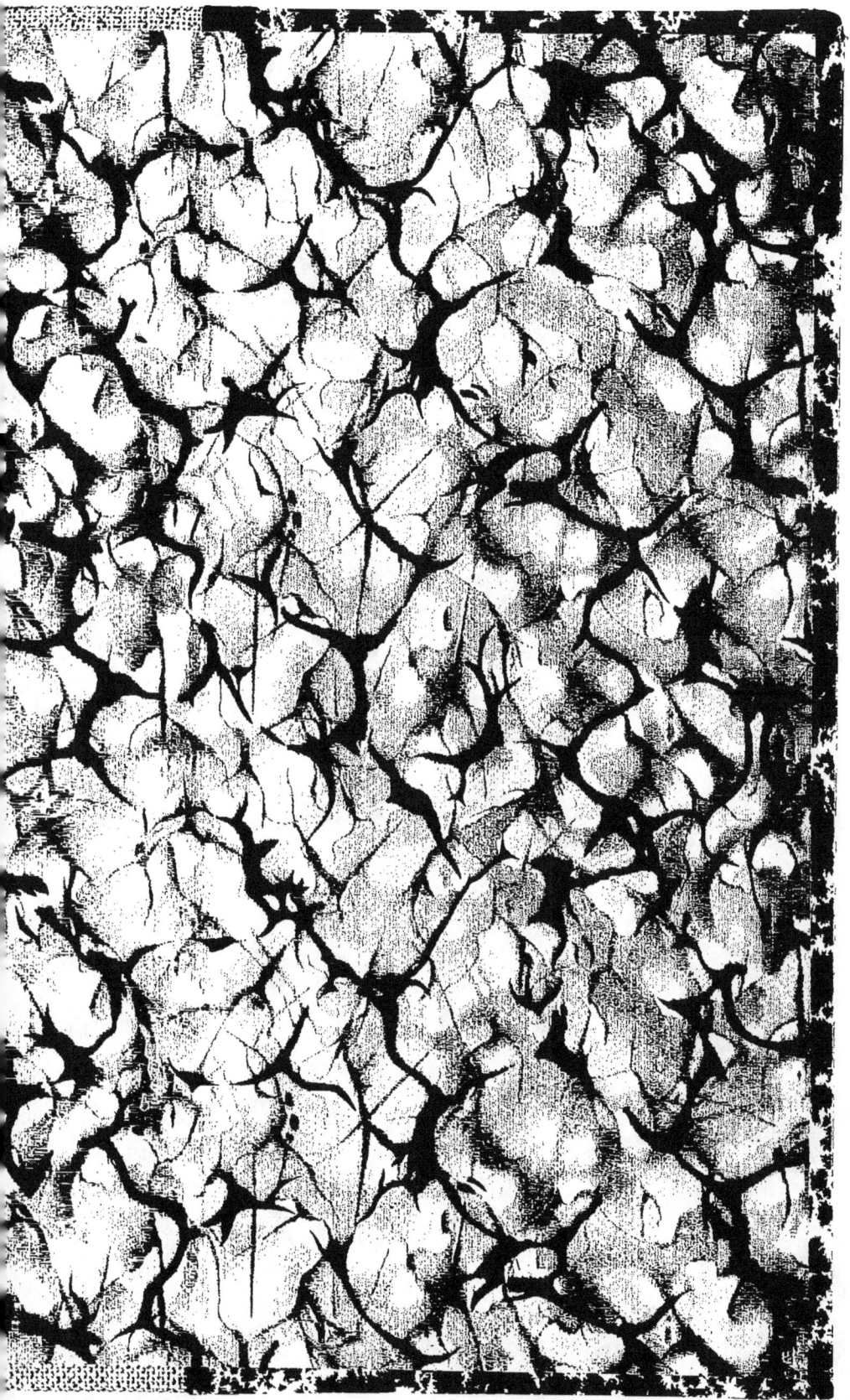

www.ingramcontent.com/pod-product-compliance
Lightning Source LLC
Chambersburg PA
CBHW062021200326
41519CB00017B/4873